广佛地区地铁连通接口设计集锦

佛山轨道交通设计研究院有限公司　策划
周灿朗　刘淑燕　刘　洋　著

中国建筑工业出版社

图书在版编目（CIP）数据

广佛地区地铁连通接口设计集锦 / 周灿朗，刘淑燕，刘洋著. -- 北京：中国建筑工业出版社，2024. 10.
ISBN 978-7-112-30367-0

Ⅰ. U231

中国国家版本馆CIP数据核字第2024ZA7391号

责任编辑：刘颖超
书籍设计：锋尚设计
责任校对：王　烨

广佛地区地铁连通接口设计集锦
周灿朗　刘淑燕　刘　洋　著

*

中国建筑工业出版社出版、发行（北京海淀三里河路9号）
各地新华书店、建筑书店经销
北京锋尚制版有限公司制版
建工社（河北）印刷有限公司印刷

*

开本：787毫米×1092毫米　1/16　印张：13½　字数：282千字
2024年10月第一版　　2024年10月第一次印刷
定价：**128.00**元
ISBN 978-7-112-30367-0
（43559）

如有内容及印装质量问题，请与本社读者服务中心联系
电话：（010）58337283　QQ：2885381756
（地址：北京海淀三里河路9号中国建筑工业出版社604室　邮政编码：100037）

前言

目前，广州地铁作为中国规模庞大的城市轨道交通系统之一，已经构建了一个包含众多线路和车站的庞大网络。截至目前，广州地铁已开通线路包括1~9号线、13号线、14号线、18号线、21号线、22号线、APM线等。随着佛山市城市化进程的加快和人口增长，佛山地铁的建设不断推进。截至目前，佛山地铁已开通的线路包括广佛线、佛山2号线、佛山3号线、广州7号线西延段、南海有轨电车1号线等。此外，还有多条线路正在建设或规划中。

随着地铁站点连线成网，其连通性、通达度、辐射力也大幅提升，轨道交通对沿线土地价值的提升也越来越受到重视。与地铁车站相邻的物业不断增多，覆盖范围不断扩大，车站与城市内建筑产生连接，连通接口的需求量也随之增加。地铁站点是城市重要的交通节点，综合体建筑是城市活动的主要载体，地铁站点与周边物业充分结合，利于便捷、直接地吸引并引导客流，实现商业、地铁互通互助，同时利于提升地铁站点周边物业的开发价值，使商业地产的辐射范围扩大，提升商业的聚集效应，实现轨道交通与物业开发“共生共荣”。今后地铁与物业连通接口必将是设计者、运营者重点关注的类型。

本书研究对象为地铁与物业连通接口，即地铁车站及其出入口通道与周边物业的供地铁乘客通过的连接部分。此连接空间引导着人流从地铁空间流向物业空间，承担着地铁与物业之间的空间转换功能。基于目前广佛地区的轨道交通规划与建设情况，与地铁连通的公共空间按所有权属性及功能主要分为三类：商业、下沉广场及公共停车场。

本书通过对广佛地区的地铁与物业的连接空间项目进行全方位的梳理、归纳、总结，并作出系统性的展示。第1章研究了国内轨道交通发展的相关政策，从而引出地铁与物业建设连通接口的必要性与合理性。第2章根据三类连通接口类型，选取了广佛地区的18个车站案例，梳理车站与物业两者的关联性，归纳总结连接空间的影响要素，如车站的定位及环境、与车站连通的物业类型、车站与物业接驳形式、车站连通物业的空间形态、车站与物业的高差位置关系、连通接口的高差处理形式、连通接口的规格尺寸等，旨在分析广佛地区地铁与物业连通接口的设计标准、特点及趋势，为后续地铁与物业连通接口设计提供参考。第3章总结地铁连通不同物业公共空间的特点及意义，连通接口常规附属设施的设置原则，并尝试解读连通接口设计相关规范条文，为地铁与物业连接空间进一步实现灵活设计提供启示。

随着城市的发展和交通需求的日益增长，地铁与物业连通接口的设计也亟待进一步优化和扩展，以满足城市发展的实际需求，并提升交通服务的品质。本书作为一本侧重于图集与工具书性质的出版物，深入分析了地铁与物业连通接口的设计特点，旨在为相关设计人员提供全面而实用的技术参考。

由于车站连通接口在建设发展的过程中存在关系复杂、情况多变的因素，难免存在疏漏之处，敬请广大读者批评指正。

目录

序章

连通接口

总结

小心站台间隙
请勿倚靠
No Leaning
小心夹手
门灯闪烁
请勿上车

序章 1

1.1 轨道交通相关政策

城市轨道交通是现代大城市的发展方向，是解决“大城市病”的有效途径，也是建设绿色城市、智能城市的有效途径。进入21世纪以来，我国城市轨道交通快速发展，现已成为世界城市轨道交通大国；在城市轨道交通建设中，各城市积极探索轨道交通场站及周边土地综合开发利用并取得明显成效。从最初简单地开发利用轨道交通站点空余空间，到如今上升为TOD（以公共交通为导向的开发）战略、推动城市轨道引导城市实现高质量发展，TOD不断向纵深推进，涌现大量创新经验，有力推动城市科学发展并反哺城市轨道交通建设运营。

1.1.1 国家层面相关政策

2021年印发的《国家综合立体交通网规划纲要》指出，到2035年，基本建成便捷顺畅、经济高效、绿色集约、智能先进、安全可靠的现代化高质量国家综合立体交通网；到21世纪中叶，全面建成现代化高质量国家综合立体交通网，拥有世界一流的交通基础设施体系。

2022年印发的《“十四五”现代综合交通运输体系发展规划》明确，到2025年，综合交通运输基本实现一体化融合发展，智能化、绿色化取得实质性突破，综合能力、服务品质、运行效率和整体效益显著提升，交通运输发展向世界一流水平迈进。

2023年，交通运输部、国家铁路局、中国民用航空局、国家邮政局、中国国家铁路集团有限公司联合印发《加快建设交通强国五年行动计划（2023—2027年）》，提出未来五年加快建设交通强国的行动目标和行动任务。

2023年9月22日，中国城市轨道交通协会发布《中国城市轨道交通协会关于进一步鼓励和发展城市轨道交通场站及周边土地综合开发利用（TOD）的指导意见》，提到综合考虑场站周边用地现状及未来发展规划、市场供需情况、交通设施和公共配套设施需求、城市轨道交通投融资规模、城市轨道交通企业和潜在市场主体意见等因素，依据城市发展规划、国土空间规划和产业规划，合理确定场站综合开发方案（表1.1-1）。

近几年国家层面城市轨道交通行业政策　　表1.1-1

时间（年）	政策
2021	《国家综合立体交通网规划纲要》
2022	《“十四五”现代综合交通运输体系发展规划》
2023	《加快建设交通强国五年行动计划（2023—2027年）》
2023	《中国城市轨道交通协会关于进一步鼓励和发展城市轨道交通场站及周边土地综合开发利用（TOD）的指导意见》

1.1.2　省市层面相关政策

“十四五”时期，我国各省轨道交通政策重点为完善轨道交通网络布局，推动轨道交通加速成网；同时，政策鼓励并推动轨道交通相关设备的升级，以在地铁新线建设中打造新时代智慧轨道交通。本书汇总了近几年来广东省内发布的城市轨道交通政策，具体如下：

2020年，佛山市轨道交通局发布《佛山市轨道交通场站及周边土地综合开发利用实施办法（试行）》明确了轨道交通场站综合开发关于规划编制、审查流程、规划编制要求，以及土地收储、复合利用与供应的具体要求。新政策的发布和实施，将提高佛山市轨道交通场站周边土地综合开发收益，建立土地综合开发收益反哺轨道交通建设发展机制，促进土地资源的集约利用，实现佛山市轨道交通可持续发展。

依据2022年3月1日发布的《佛山轨道交通发展“十四五”规划》，其内容指出以轨道建设领衔交通大建设，贯彻“四网合一”发展理念构筑辐射全国、通达湾区、服务全市的多层次一体化轨道交通网络体系，创新轨道交通可持续性发展机制，实现佛山轨道跨越式发展，实现支撑城市高质量发展的目标。

《广佛全域同城化“十四五”发展规划》提出深化两市轨道交通衔接，促进干线铁路、城际铁路、市域（郊）铁路、城市轨道交通“四网融合”，推动形成轨道交通“一张网、一票通、一座城”。推进广州站全面改扩建，升级广州东站，建成广州白云站，高标准建设南沙站、佛山站、高明站等一批铁路客运枢纽，着力构建“五主四辅”铁路客运枢纽格局。深化广佛城市轨道交通衔接，探索建立城际铁路与地铁系统制式兼容、互联互通换乘体系。

2023年7月1日正式施行的《佛山市城市轨道交通管理条例》指出，城市轨道交通规划依据国土空间规划、综合交通体系规划等进行编制，与国家铁路、城际铁路、枢纽机场等规划以及城市其他专项规划相连接。城市轨道交通规划包括：城市轨道交通线网规划、城市轨道交通建设规划和城市轨道交通沿线用地控制规划。积极推动粤港澳大湾区轨道交通的互联互通，建设“轨道上的大湾区”，做到一体规划、标准统一、一码通行、协同处置（表1.1-2）。

近几年广东省城市轨道交通行业政策　　表1.1-2

时间（年）	地区	政策
2020	佛山市	《佛山市轨道交通场站及周边土地综合开发利用实施办法（试行）》
2021	广东省	《广东省综合交通运输体系“十四五”发展规划》
2021	广州市	《广州市加快培育建设国际消费中心城市实施方案》
2022	佛山市	《佛山轨道交通发展“十四五”规划》
2022	佛山市	《广佛全域同城化“十四五”发展规划》
2022	广州市	《广州市战略性新兴产业发展“十四五”规划》
2023	佛山市	《佛山市城市轨道交通管理条例》
2024	广州市	《广州市综合立体交通网规划（2023—2035年）》

2021年，《广东省综合交通运输体系“十四五”发展规划》目标打造“轨道上的大湾区”，完善大湾区铁路枢纽布局强化高速铁路、城际铁路与城市轨道交通高效衔接，推动城际铁路与城市轨道交通系统互联互通，全面推动轨道交通多网融合。

2021年，《广州市加快培育建设国际消费中心城市实施方案》提出推进城市轨道交通建设，力争到2025年底地铁运营里程达900km。

2022年发布《广州市战略性新兴产业发展“十四五”规划》，提出“十四五”发展目标，轨道交通产业增加值由2020年311亿元增加到2025年600亿元。

2024年，广州市人民政府办公厅发布《广州市综合立体交通网规划（2023—2035年）》，其内容指出：高效连接全球、便捷辐射全国、快速直连湾区，建成具有全球影响力的综合交通枢纽。构建高品质公交都市，打造高效率城乡融合路网，提供高水平综合运输服务，建设人民满意交通。构建由城际铁路、城市轨道交通快线A、城市轨道交通快线B及城市轨道交通普线深度融合的多层次轨道交通系统，积极推进城市轨道交通第四期建设规划项目落地，力争2035年建成1000km城市轨道网。

1.2 地铁与物业连通接口

随着当今城市立体化、高密度化的发展趋势，为改善公共交通系统、提高公众出行质量，我国各大、中型城市纷纷大力建设城市轨道交通系统。目前我国城市轨道交通以地铁建设为主要发展趋势，在城市核心区，轨道交通大部分建设在地下，有效地综合利用城市轨道交通地下空间，提升地下空间与周边地块的连通性，建设地下舒适、便捷的公共活动空间。

1.2.1　连通接口发展背景

1. 轨道交通线网成型

城市轨道交通快速发展，地铁运营衍生而来的传媒广告、物业开发、车站商业、信息通信等资源的经营活动具有强劲发展势头，对方便市民生活、提升城市品质都产生了积极影响。

2024年广州地铁线网总里程达652.7km（现运行线路16条），进一步推动落实广州“东进”空间发展战略部署，有效满足黄埔片区交通出行的需求（表1.2-1）。在建线路方面，正推进9条线路建设，分别为：3号线东延段、8号线北延段、10号线、11号线、12号线、13号线二期、14号线二期、18号线后通段、22号线后通段。“轨道上的大湾区”建设稳步向前。

广州地铁已开通运营线路　　　　表1.2-1

序号	线路	起点站	终点站	车站数量	里程（km）	时速（km）
地铁线路						
1	广州地铁1号线	西塱站	广州东站	16	18.5	80
2	广州地铁2号线	嘉禾望岗站	广州南站	24	31.8	80
3	广州地铁3号线	番禺广场站	机场北站	30	67.3	120
4		天河客运站	体育西站			
5	广州地铁4号线	黄村站	南沙客运港站	23	59.3	90
6	广州地铁5号线	滘口站	黄埔新港站	30	41.7	90
7	广州地铁6号线	浔峰岗站	香雪站	31	42.1	90

续表

<table>
<tr><th>序号</th><th colspan="2">线路</th><th>起点站</th><th>终点站</th><th>车站数量</th><th>里程（km）</th><th>时速（km）</th></tr>
<tr><td>8</td><td colspan="2" rowspan="2">广州地铁7号线</td><td>燕山站</td><td>广州南站</td><td>19</td><td>40.5</td><td rowspan="2">80</td></tr>
<tr><td>9</td><td>广州南站</td><td>大洲站</td><td>1</td><td>1.673</td></tr>
<tr><td>10</td><td colspan="2">广州地铁8号线</td><td>滘心站</td><td>万胜围站</td><td>28</td><td>33.9</td><td>80</td></tr>
<tr><td>11</td><td colspan="2">广州地铁9号线</td><td>高增站</td><td>飞鹅岭站</td><td>11</td><td>20.1</td><td>120</td></tr>
<tr><td>12</td><td colspan="2">广州地铁13号线</td><td>新沙站</td><td>鱼珠站</td><td>11</td><td>27</td><td>100</td></tr>
<tr><td>13</td><td rowspan="2">广州地铁14号线</td><td>主线</td><td>嘉禾望岗站</td><td>东风站</td><td rowspan="2">22</td><td rowspan="2">76.3</td><td rowspan="2">120</td></tr>
<tr><td>14</td><td>支线</td><td>新和站</td><td>镇龙站</td></tr>
<tr><td>15</td><td colspan="2">广州地铁18号线</td><td>万顷沙站</td><td>冼村站</td><td>8</td><td>58.3</td><td>160</td></tr>
<tr><td>16</td><td colspan="2">广州地铁21号线</td><td>员村园站</td><td>增城广场站</td><td>21</td><td>61.5</td><td>120</td></tr>
<tr><td>17</td><td colspan="2">广州地铁22号线</td><td>番禺广场站</td><td>陈头岗站</td><td>4</td><td>18.2</td><td>160</td></tr>
<tr><td>18</td><td colspan="2">广佛线</td><td>新城东站</td><td>沥滘站</td><td>10</td><td>17.4</td><td>80</td></tr>
<tr><td colspan="8">旅客自动输送系统线路</td></tr>
<tr><td>19</td><td colspan="2">广州地铁APM线</td><td>广州塔站</td><td>林和西站</td><td>9</td><td>3.9</td><td>60</td></tr>
<tr><td colspan="8">有轨电车运输线路</td></tr>
<tr><td>20</td><td colspan="2">海珠有轨电车试验段</td><td>广州塔站</td><td>万胜围站</td><td>11</td><td>7.7</td><td>70</td></tr>
<tr><td>21</td><td colspan="2">黄埔有轨电车1号线</td><td>香雪站</td><td>新丰站</td><td>20</td><td>14.4</td><td>70</td></tr>
<tr><td colspan="8">城际线路</td></tr>
<tr><td>22</td><td colspan="2">广清城际</td><td>清城站</td><td>花都站</td><td>6</td><td>38.2</td><td>200</td></tr>
<tr><td>23</td><td colspan="2">广州东环城际</td><td>花都站</td><td>白云机场北站</td><td>3</td><td>22.6</td><td>160</td></tr>
<tr><td>24</td><td colspan="2">广佛环线</td><td>佛山西站</td><td>番禺站</td><td>5</td><td>35.0</td><td>200</td></tr>
<tr><td>25</td><td colspan="2">佛莞城际</td><td>番禺站</td><td>东莞西站</td><td>5</td><td>37.0</td><td>200</td></tr>
</table>

注：广州地铁已开通运营线路（至2024年5月），不含佛山，仅供此前分析。

佛山城市轨道交通运营总里程达到126km，运营车站85座。

佛山已运营的地铁线路有4条。根据《佛山市城市轨道交通第二期建设规划（2021—2026年）》，佛山第二期建设线路包含2号线二期、4号线一期、11号线等3个项目，总长度115.8km，其中佛山市境内110.8km、广州市境内5.0km（表1.2-2、表1.2-3）。

伴随城市“站城一体化”趋势的不断发展，地铁与商业、物业的连通接口项目亦会越来越多。地铁与商业、物业的连通项目将会成为与地铁息息相关的“子母”行业。

2. 地铁站点周边物业连通接口项目潜力巨大

城市立体化扩展的趋势及城市轨道交通的发展，交通逐渐走向立体化和整体性协调发展的方向，大城市客运交通向以快速轨道交通为骨干的公共交通的方向迈进。地铁作为城

佛山地铁已开通运营线路　　表1.2-2

序号	线路	起点站	终点站	车站数量	里程（km）	时速（km）
地铁线路						
1	广佛地铁	金融高薪区站	新城东站	15	21.5	80
2	佛山地铁2号线一期	南庄站	林岳东站	16	31	100
3	佛山地铁3号线（首通段）	顺德学院站	镇安站	22	40.72	100
4	广州地铁7号线（西延段）	美的大道站	陈村北站	7	11.8	80
有轨电车						
5	南海有轨电车1号线	蠕岗站	林岳东站	15	14.3	70
6	高明现代有轨电车示范线	沧江路站	智湖站	10	6.6	70

注：佛山地铁已开通运营线路（至2024年5月），不含广州，仅供此前分析。

佛山地铁在建线路　　表1.2-3

序号	线路	起点站	终点站	车站数量	里程（km）	时速（km）
地铁线路						
1	佛山地铁4号线	北江大道站	港口路站	33	55.3	100
2	佛山地铁3号线	顺德客运港站	佛科院仙溪校区站	37	66	100
3	佛山地铁2号线二期	高明区西安站	南庄站	10	23.5	100
有轨电车						
4	南海里水有轨电车	里湖新城站	浔峰岗站	14	9.9	70

注：佛山地铁在建线路（至2024年5月），不含广州，仅供此前分析。

市交通立体化的契机，必然使地铁车站成为城市交通换乘和衔接系统中不可忽视的重要因素之一。

地铁的快速便捷，可以将周边数个地块连成一体，使商业等物业的辐射范围扩大，增加聚集效应，而随着客流的增加，也会带动票价收入的增加，形成对地铁的反哺。所以地铁与物业的连接是十分必要的，也是未来的发展趋势。

随着地铁线网逐步成型，地铁站点正在日渐增多，地铁站点对周边土地价值的提升也越来越被人们所重视。随着地铁站点相邻的物业越来越多，站点覆盖范围不断扩大，地铁站点与周边地块建筑必然会产生连接，连通接口需求量必然会增加。

广州和佛山都为华南地区重要的商业贸易中心城市，经济发展迅速，商业繁荣，集市林立，且由于体制的改变、商战的激烈竞争促进了商业服务质量的提高和商业的先进管理方法的引进。因此，为优化与组织综合体内地下、地面和地上的城市交通空间，实现城市建筑、交通功能的集约化与空间的一体化，地铁站点与物业连通将会是重要发展趋势。

1.2.2 连通接口定义

连通接口是指周边物业与地铁车站及其附属结构的单个供地铁乘客通过的连接部分（图1.2-1）。

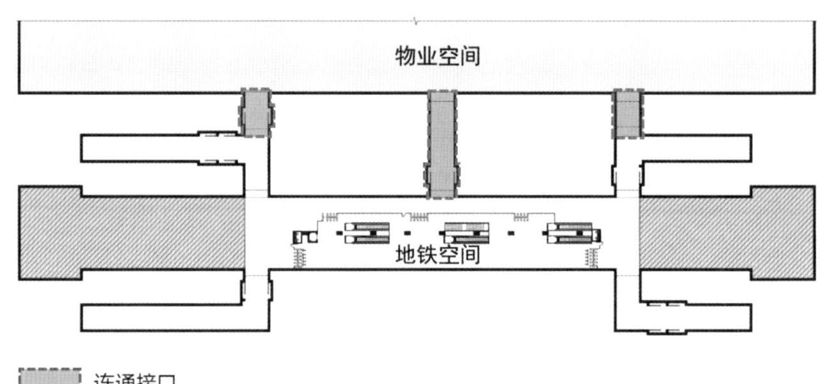

图1.2-1
连通接口示意图

1.2.3 连通接口的必要性

1. 广佛轨道交通载客量持续飙升

地铁连线成网，连通性、通达度、辐射力大幅提升，越来越多市民选择地铁出行。广州地铁线网总里程达652.7km（现运行线路16条）。按照年报数据，2023年地铁（不含广东城际、有轨电车）日均客运量857.24万人次，全年客运量31.3亿人次，佛山已开通运营有4条地铁线路，总里程达到126km。交通运输部最新公布的城市轨道交通运营数据显示，2024年上半年，佛山城市轨道交通客运量达到8334.7万人次，同比增长7.7%。地铁客流的飙升数据，也映射出佛山的经济活力和发展潜力。因此，推动地铁线路连接各个商圈与人口密集区域尤为重要（图1.2-2）。

2. 可提升周边物业开发价值

在城市发展需求和国家大力支持下，轨道交通建设与地上地下空间开发利用协同联动将成为城市发展的重要趋势，并对城市集约化有着重要的助推作用。地铁站与周边物业结合，能够直接便捷地接纳送达客流，做到商业、地铁互通互助，最大力度挖掘商业价值，积极将“人流”转变为“客流”，不仅有利于地铁运营发展，同时有利于提升地铁站点周边物业的开发价值，实现轨道交通与物业开发“共生共荣”（图1.2-3）。

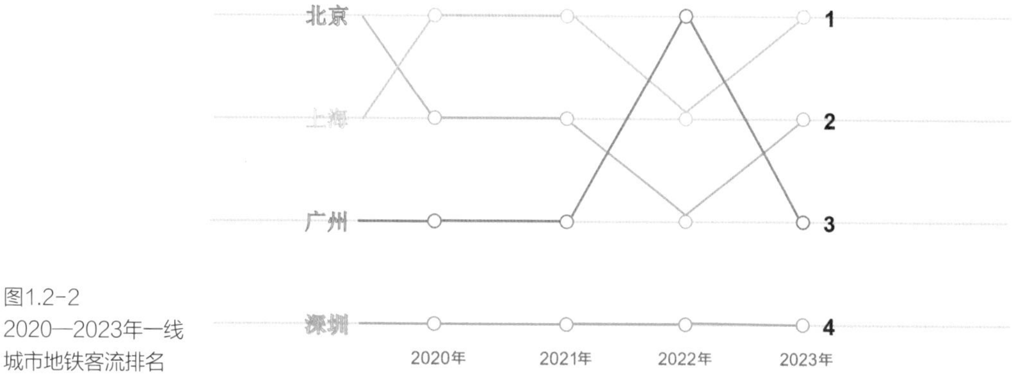

图1.2-2
2020—2023年一线城市地铁客流排名

图1.2-3　轨道交通与地铁物业开发“共生共荣”

1.2.4　连通接口的合理性

1. 城市公共交通空间设置的合理性

根据国标《民用建筑设计统一标准》GB 50352—2019中对建筑连接体条文分析，满足物业与地铁接口设计存在合理性，具体如下：

2.0.37 建筑连接体　building connection

跨越道路红线、建设用地边界建造，连接不同用地之间地下或地上的建筑物。

4.4.1 经当地规划及市政主管部门批准，建筑连接体可跨越道路红线、用地红线或建筑控制线建设，属于城市公共交通性质的出入口可在道路红线范围内设置。

2. 鼓励地铁站点与周边开发空间连接

根据《佛山市城市规划管理技术规定》（2020年修编版），第10章地下空间第10.6

条：地下公共空间连接要求的条文指出，物业与地铁接口的设计需满足合理性要求，具体如下：

（1）鼓励地铁站点通过地下联系空间与周边开发地块相连，在符合相关技术规定前提下，可研究地下联系空间增加商业功能的方案，最终的地下联系空间开发、运营主体与建设方案应由相关主管部门研究确定。

（2）各地块地下空间宜以地下联系通道形式相互连通。

3. 前期预留地铁连通接口结构条件

地铁在规划阶段对未来轨道交通线路所需的空间、设施、用地等进行预留，并保证其位置和规模的合理性，这样能够为未来地铁建设提供必要的支持和保障。在车站设计过程中会进一步结合后续开发规划考虑连通接口的结构预留条件，为后期预留接驳设计提供可行性（图1.2-4）。

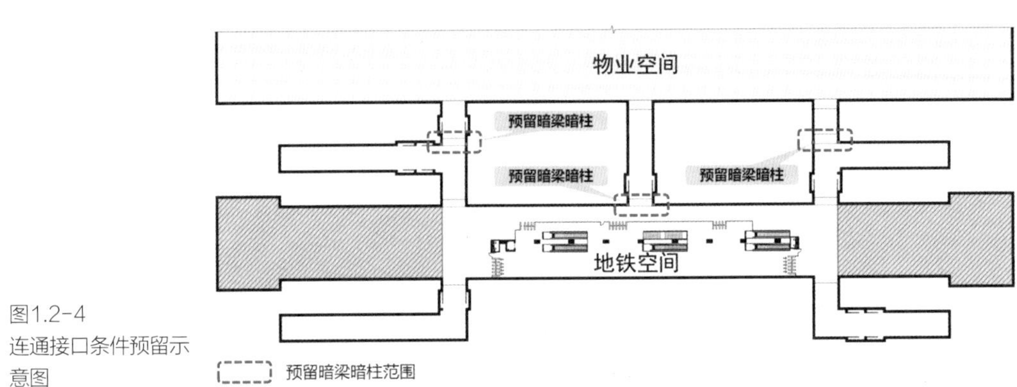

图1.2-4
连通接口条件预留示意图

1.2.5 与地铁连通的公共空间类型

依据目前广佛地区的轨道交通规划与建设情况，与地铁连通的公共空间按所有权属性及功能主要分为三类：商业、下沉广场及公共停车场（图1.2-5）。

1. 地铁与商业连通是连通接口主要的连通类型。从地铁层面分析，连通接口既为车站输入大量客流，又为地铁平时客流提供引流导向，分散了地铁人流，减少了聚集现象；从商业层面分析，商业通过连通接口接收地铁大量客流，利于提高周边商业的经济效益和开发价值，促进商业发展；从乘客层面分析，连通接口为公共交通出行提供更便捷、舒适的出行条件，避免日晒雨淋，并缩短了步行距离。部分车站采用地铁与商业直接连通的方式，如广州黄沙站，乘客能够在站厅直接看见商场内的商铺，可增强乘客出行的空间体验感，同时利于刺激消费，促进商业经济发展（图1.2-6）。

2. 地铁与下沉广场连通也是较为常见的连通类型。下沉广场的开阔性也更利于客流的集聚和疏散，地铁连通的下沉广场常带有一定商业功能或是邻近周边商业，这种布局方

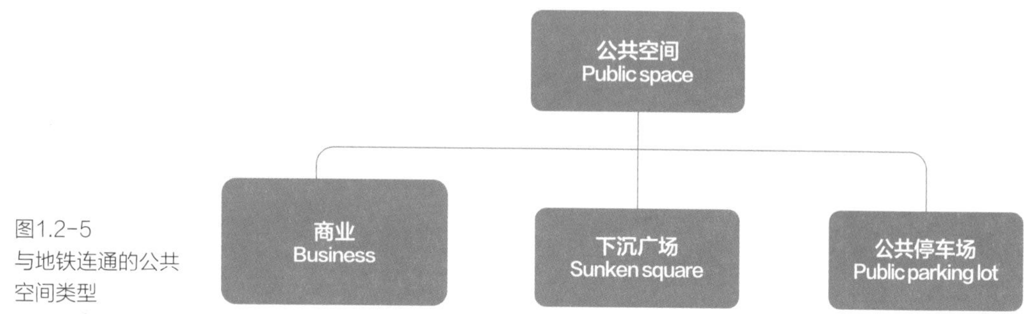

图1.2-5
与地铁连通的公共空间类型

图1.2-6　广州黄沙站与地下商业连通

图1.2-7　佛山市禅城区石湾文化广场

式能够有效提升周边商业开发价值（图1.2-7）。

3. 地铁与公共停车场连通主要是为完善交通组织体系，提高乘客出行的舒适性与便捷性。

1.3 连通接口导读

随着地铁开通里程的逐年增加，周边地下空间连通接口项目也越来越多。目前国内在物业与地铁一体化设计的宏观层面上已有了大量深入研究，然而在微观层面上，针对物业与地铁的连接空间设计研究，缺乏系统完善的设计理论和方法，导致在实际项目中两者的连接空间设计也存在较多问题和一定的技术壁垒，这些问题亟待深入的探讨与研究。

为研究地铁与物业连通接口的设计标准和特点，本书对广佛地区18个车站进行深入研究，研究涉及广州1号线、广州3号线、广佛线、佛山3号线等广州、佛山多条线路。在研究过程中，根据车站连通接口与连通公共空间类型的不同进行了分类，系统地归纳了各类接口的特点，并进行了详尽的展示。

在选取的18个车站中，有16个连通商业、5个连通下沉广场、1个连通公共停车场、3个既连通商业又连通下沉广场和1个既连通商业又连通公共停车场（图1.3-1）。

在深入调研广佛地区车站的连通接口建设后，我们发现该地区的车站设计展现出多元化、复合化及空间体验性丰富的显著特点。一个明显的趋势是，随着地铁车站规模的扩大，其与周边物业的连通接驳形式也日趋复杂多样。

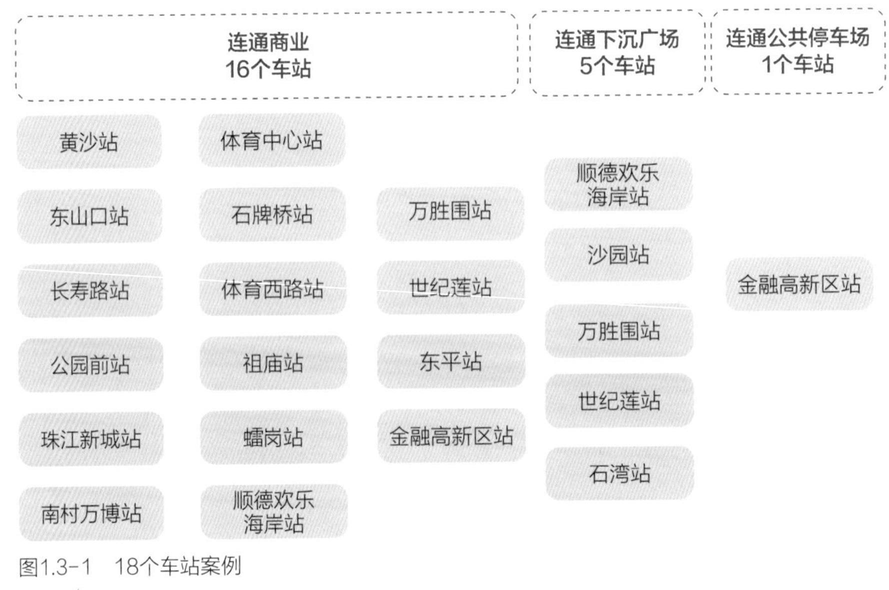

图1.3-1　18个车站案例

本书精心选取了多种类型的地铁与物业连通接口案例，通过归纳总结出了三种连通接口类型：连通商业类型、连通下沉广场类型和连通公共停车场类型；通过详尽剖析连通接口与地铁的连接方式、地铁与物业间的高差处理策略、连接通道的功能布局及外部空间形态，全面展示了不同车站连通接口的独特设计魅力。同时，我们还深入分析了各车站连通接口处常规附属设施的布置情况，并据此提炼出了连通接口常规附属设施布置的核心原则。

此外，本书不仅深入解读了连通接口设计的相关规范，还紧密结合连通项目开发的实战经验，创新性地总结了七种界面划分方法。这些宝贵的经验与见解，为地铁与物业连接空间的设计提供了启示，旨在为广大设计人员提供一份实用且富有启发性的参考资料。

250
圆

连通接口 2

黄沙站

2.1 黄沙站

2.1.1 车站概述

黄沙站为广州地铁1号线和6号线的换乘站（图2.1-1），位于广州市荔湾区大同路及六二三路交界处（图2.1-2）。车站共有5个出入口，9个连通接口，连通接口均直接连通领展购物广场（原西城都荟），属于连通商业类型。

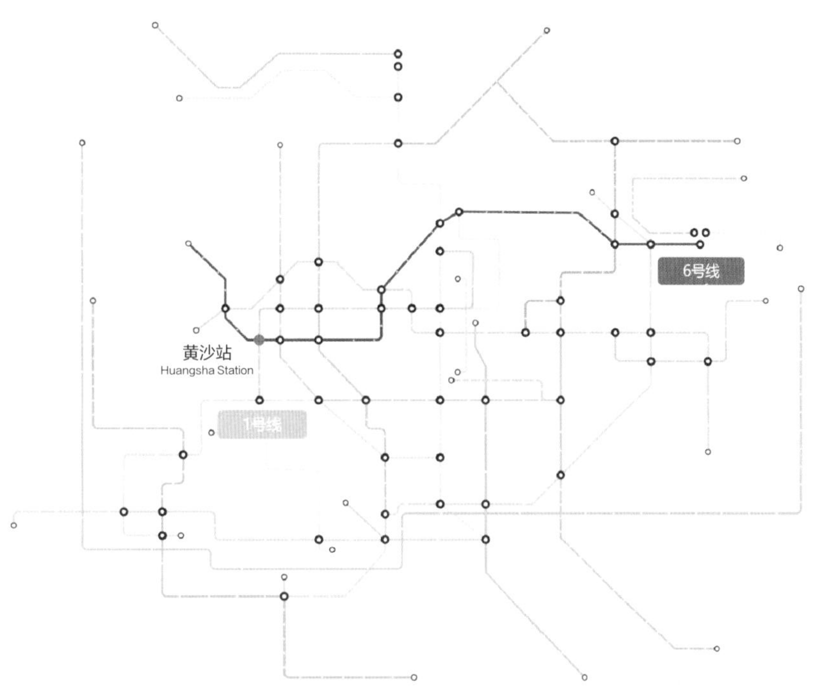

图2.1-1
黄沙站在线网中的位置

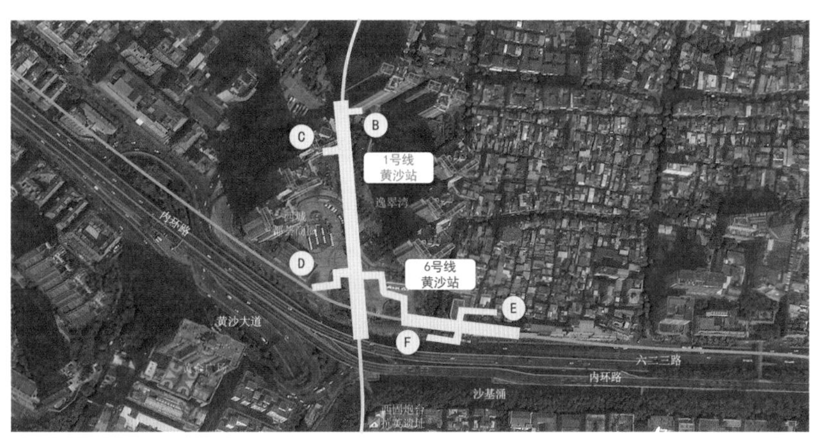

图2.1-2
黄沙站地理位置

2.1.2 车站定位及环境

黄沙站位于荔湾区大同路及六二三路交界处，其中1号线车站位于领展购物广场（原名为西城都荟广场，见图2.1-3）下方。车站南侧是西固炮台抗英遗址，东侧是广州市中医医院（图2.1-4）。周边用地规划主要为商业。

黄沙是广州历史文化聚集地。出站后沿着六二三路往南，可到达沙面岛（图2.1-5），沙面岛被誉为一个西式建筑大观园，不但有许多欧陆风情建筑，还有国家内地第一家五星级白天鹅宾馆（图2.1-6）；沙面岛上，沙面会馆、露德圣母堂、时利宾馆等西式建筑错落有致，而汇丰银行旧址、沙面堂及著名的白天鹅宾馆更是成为网红打卡的热门地点。沿丛桂路往西北方向走，可到达恩宁路、昌华大街、逢源大街、广州永庆坊与多宝路历史文化街区，文化街区内分布着铭润艺术堂、詹天佑小学、谊园、星之光文体市场、粤剧艺术博物馆、梨园小筑、西园、麦汉兴艺术纪念馆、广州基督教十甫堂等历史文化建筑。

车站设有5个出入口（图2.1-7），其中：B出入口位于大同路（图2.1-8），可通往永庆坊；C出入口位于丛桂路（图2.1-9），可通往黄沙公交站场；D、E出入口位于六二三路（图2.1-10和图2.1-11），可通往市中医院公交站和清平中药材场；F出入口位于大同路（图2.1-12），可通往领展购物广场。

图2.1-3　领展购物广场

图2.1-4　广州市中医医院

图2.1-5　沙面岛

图2.1-6　白天鹅宾馆

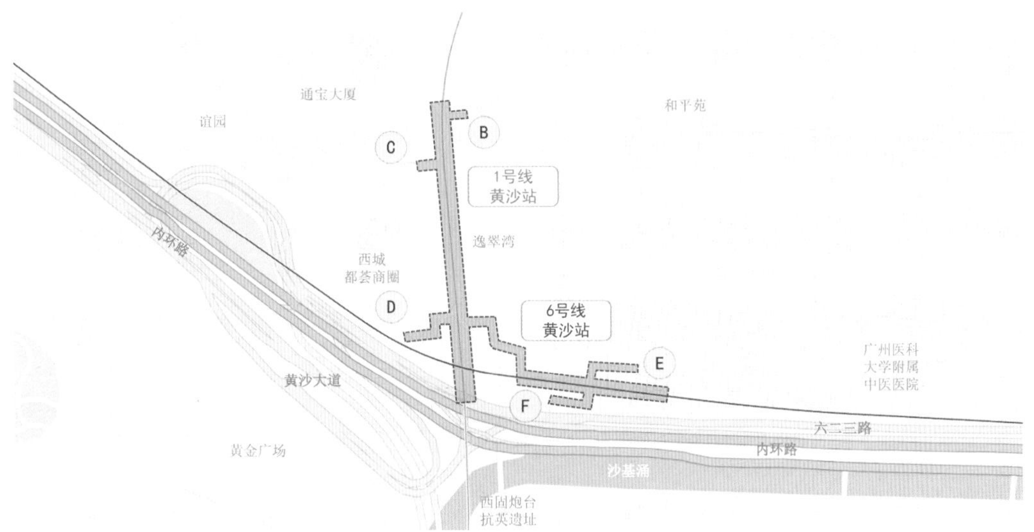

图2.1-7　黄沙站出入口示意图

图2.1-8　B出入口

图2.1-9　C出入口

图2.1-10　D出入口

图2.1-11　E出入口

图2.1-12
F出入口

B、C、D、E出入口均结合周边建筑建设，分布在领展购物广场不同方位。

2.1.3 车站连通接口

黄沙站连通接口设置在地铁站厅南北两侧，连通接口可通往领展购物广场（图2.1-13）。

本站连通接口的基本情况为：1、2、3、4、5、6、7、8、9号连通接口均直接连通领展购物广场，属于连通商业类型（图2.1-14～图2.1-22）。

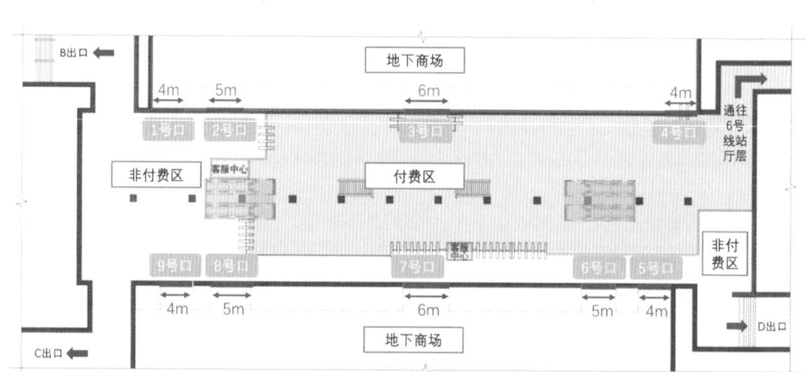

图2.1-13
黄沙站厅平面图

图2.1-14　1号连通接口

图2.1-15　2号连通接口

图2.1-16　3号连通接口

图2.1-17　4号连通接口

图2.1-18　5号连通接口

图2.1-19　6号连通接口

图2.1-20　7号连通接口

图2.1-21　8号连通接口

图2.1-22　9号连通接口

本站9个连通接口均位于地铁主体范围，连通接口具体情况见表2.1-1～表2.1-9。

（1）1号连通接口

1号连通接口信息汇总表　　表2.1-1

接口属性	连通位置	地铁主体站厅	
	连接物业	领展购物广场（商业）	
	连接空间形态	地下空间	
高差关系	连接形式	同层连接	
	处理形式	台阶与坡道	
连通接口尺寸	开口宽度（m）	4	
	通道长度（m）	0	
连通接口附加功能	无		

（2）2号连通接口

2号连通接口信息汇总表　　表2.1-2

接口属性	连通位置	地铁主体站厅	
	连接物业	领展购物广场（商业）	
	连接空间形态	地下空间	
高差关系	连接形式	同层连接	
	处理形式	台阶与坡道	
连通接口尺寸	开口宽度（m）	5	
	通道长度（m）	0	
连通接口附加功能	无		

（3）3号连通接口

3号连通接口信息汇总表 表2.1-3

接口属性	连通位置	地铁主体站厅
	连接物业	领展购物广场（商业）
	连接空间形态	地下空间
高差关系	连接形式	同层连接
	处理形式	台阶与坡道
连通接口尺寸	开口宽度（m）	6
	通道长度（m）	0
连通接口附加功能	无	

（4）4号连通接口

4号连通接口信息汇总表 表2.1-4

接口属性	连通位置	地铁主体站厅
	连接物业	领展购物广场（商业）
	连接空间形态	地下空间
高差关系	连接形式	同层连接
	处理形式	台阶与坡道
连通接口尺寸	开口宽度（m）	4
	通道长度（m）	0
连通接口附加功能	无	

（5）5号连通接口

5号连通接口信息汇总表　　表2.1-5

接口属性	连通位置	地铁主体站厅
	连接物业	领展购物广场（商业）
	连接空间形态	地下空间
高差关系	连接形式	同层连接
	处理形式	台阶与坡道
连通接口尺寸	开口宽度（m）	4
	通道长度（m）	0
连通接口附加功能	无	

（6）6号连通接口

6号连通接口信息汇总表　　表2.1-6

接口属性	连通位置	地铁主体站厅
	连接物业	领展购物广场（商业）
	连接空间形态	地下空间
高差关系	连接形式	同层连接
	处理形式	台阶与坡道
连通接口尺寸	开口宽度（m）	5
	通道长度（m）	0
连通接口附加功能	无	

（7）7号连通接口

7号连通接口信息汇总表　　表2.1-7

接口属性	连通位置	地铁主体站厅	
	连接物业	领展购物广场（商业）	
	连接空间形态	地下空间	
高差关系	连接形式	同层连接	
	处理形式	台阶与坡道	
连通接口尺寸	开口宽度（m）	6	
	通道长度（m）	0	
连通接口附加功能	无		

（8）8号连通接口

8号连通接口信息汇总表　　表2.1-8

接口属性	连通位置	地铁主体站厅	
	连接物业	领展购物广场（商业）	
	连接空间形态	地下空间	
高差关系	连接形式	同层连接	
	处理形式	台阶与坡道	
连通接口尺寸	开口宽度（m）	5	
	通道长度（m）	0	
连通接口附加功能	无		

（9）9号连通接口

9号连通接口信息汇总表　　表2.1-9

接口属性	连通位置	地铁主体站厅	
	连接物业	领展购物广场（商业）	
	连接空间形态	地下空间	
高差关系	连接形式	同层连接	
	处理形式	台阶与坡道	
连通接口尺寸	开口宽度（m）	4	
	通道长度（m）	0	
连通接口附加功能	无		

2.1.4　连通接口附属设施

黄沙站共9个连通接口，连通接口均设置3种常规附属设施，包括防火卷帘、防盗卷帘、防淹挡板（表2.1-10）。

黄沙站连通接口附属设施设置情况汇总表　　表2.1-10

连通接口	防火卷帘	防盗卷帘	防淹挡板	设置顺序
1号连通接口	2	1	1	地铁→防淹挡板→防火卷帘→防盗卷帘→防火卷帘→物业
2号连通接口	2	1	1	地铁→防淹挡板→防火卷帘→防盗卷帘→防火卷帘→物业
3号连通接口	2	1	1	地铁→防淹挡板→防火卷帘→防盗卷帘→防火卷帘→物业
4号连通接口	2	1	1	地铁→防淹挡板→防火卷帘→防盗卷帘→防火卷帘→物业
5号连通接口	1	1	1	地铁→防淹挡板→防火卷帘→防盗卷帘→物业
6号连通接口	1	1	1	地铁→防淹挡板→防火卷帘→防盗卷帘→物业
7号连通接口	2	1	1	地铁→防淹挡板→防火卷帘→防盗卷帘→防火卷帘→物业
8号连通接口	2	1	1	地铁→防淹挡板→防火卷帘→防盗卷帘→防火卷帘→物业
9号连通接口	2	1	1	地铁→防淹挡板→防火卷帘→防盗卷帘→防火卷帘→物业

1. 本站连通接口常规附属设施设置情况

（1）1、2、3、4号连通接口

1、2、3、4号连通接口设置了3种常规附属设施（图2.1-23～图2.1-26），共4道，分别为：防火卷帘2道、防盗卷帘1道及防淹挡板1道。

具体位置为：防火卷帘靠近地铁侧设置1道，靠近物业侧设置1道；防盗卷帘在2道防火卷帘之间设置1道；防淹挡板靠近地铁侧设置1道。

（2）5、6号连通接口

5、6号连通接口设置了3种常规附属设施（图2.1-27和图2.1-28），共3道，分别为：防火卷帘1道、防盗卷帘1道及防淹挡板1道。

具体位置为：防火卷帘靠近物业侧设置1道；防盗卷帘靠近物业侧设置1道；防淹挡板靠近地铁侧设置1道。

（3）7、8、9号连通接口

7、8、9号连通接口设置了3种常规附属设施（图2.1-29～图2.1-31），共4道，分别为：防火卷帘2道、防盗卷帘1道及防淹挡板1道。

图2.1-23　1号连通接口侧面正视图

图2.1-24　2号连通接口侧面正视图

图2.1-25　3号连通接口侧面正视图

图2.1-26　4号连通接口侧面正视图

图2.1-27　5号连通接口侧面正视图

图2.1-28　6号连通接口侧面正视图

图2.1-29　7号连通接口侧面正视图

图2.1-30　8号连通接口侧面正视图

图2.1-31　9号连通接口侧面正视图

具体位置为：防火卷帘靠近地铁侧设置1道，靠近物业侧设置1道；防盗卷帘在2道防火卷帘之间设置1道；防淹挡板靠近地铁侧设置1道。

综上，黄沙站连通接口通常设置3种常规附属设施（表2.1-10），包括：防盗卷帘、防火卷帘及防淹挡板。但车站与同一性质空间连通接口的附属设施设置数量与位置并未统一。

2. 本站连通接口常规附属设施归纳

（1）设置数量

1、2、3、4、7、8、9号连通接口均设置2道防火卷帘、1道防盗卷帘和1道防淹挡板，5、6号连通接口均设置1道防火卷帘、1道防盗卷帘和1道防淹挡板。

（2）设置位置

1、2、3、4、7、8、9号连通接口防火卷帘靠近地铁侧设置1道、靠近物业侧设置1道，防盗卷帘在2道防火卷帘之间设置1道，防淹挡板靠近地铁侧设置1道；5、6号连通接口防火卷帘靠近物业侧设置1道；防盗卷帘靠近物业侧设置1道；防淹挡板靠近地铁侧设置1道。

（3）设置顺序

从地铁站厅进入物业方向，1、2、3、4、7、8、9号连通接口依次设置防淹挡板、防火卷帘、防盗卷帘、防火卷帘；5、6号连通接口依次设置防淹挡板、防火卷帘、防盗卷帘。

2.1.5 车站小结

（1）黄沙站共有5个出入口，9个连通接口；9个连通接口均直接连通商业，属于连通商业类型。

（2）9个连通接口均为地铁主体连接商业类型，1、2、3、4、5、6、7、8、9号连通接口直接连通商业，且地铁站厅与商业同层连接，9个连通接口均以坡道与台阶解决高差。

（3）黄沙站连通接口通常设置3种常规附属设施，包括：防盗卷帘、防火卷帘及防淹挡板。但车站与同一性质空间连通接口的附属设施设置数量与位置并未统一：

1、2、3、4、7、8、9号连通接口均设置2道防火卷帘、1道防盗卷帘和1道防淹挡板，5、6号连通接口均设置1道防火卷帘、1道防盗卷帘和1道防淹挡板。

1、2、3、4、7、8、9号连通接口靠近地铁侧与物业侧设置防火卷帘，在2道防火卷帘之间设置防盗卷帘，靠近地铁侧设置防淹挡板；5、6号连通接口靠近物业侧设置防火卷帘与防盗卷帘，靠近地铁侧设置防淹挡板。

9个连通接口附属设施设置顺序分为两种情况，具体顺序见表2.1-11。

黄沙站连通接口附属设施设置顺序汇总表　　表2.1-11

	设置顺序（从地铁站厅进入物业方向）
1号连通接口	防淹挡板→防火卷帘→防盗卷帘→防火卷帘
2号连通接口	防淹挡板→防火卷帘→防盗卷帘→防火卷帘

续表

设置顺序（从地铁站厅进入物业方向）	
3号连通接口	防淹挡板→防火卷帘→防盗卷帘→防火卷帘
4号连通接口	防淹挡板→防火卷帘→防盗卷帘→防火卷帘
5号连通接口	防淹挡板→防火卷帘→防盗卷帘
6号连通接口	防淹挡板→防火卷帘→防盗卷帘
7号连通接口	防淹挡板→防火卷帘→防盗卷帘→防火卷帘
8号连通接口	防淹挡板→防火卷帘→防盗卷帘→防火卷帘
9号连通接口	防淹挡板→防火卷帘→防盗卷帘→防火卷帘

东山口站

2.2 东山口站

2.2.1 车站概述

东山口站为广州地铁1号线和6号线的换乘站（图2.2-1），位于广州市越秀区中山一路与署前路交叉路口（图2.2-2）。车站共有5个出入口，2个连通接口，分别连通东山锦轩现代城与东山口商业街，两个连通接口均属于连通商业类型。

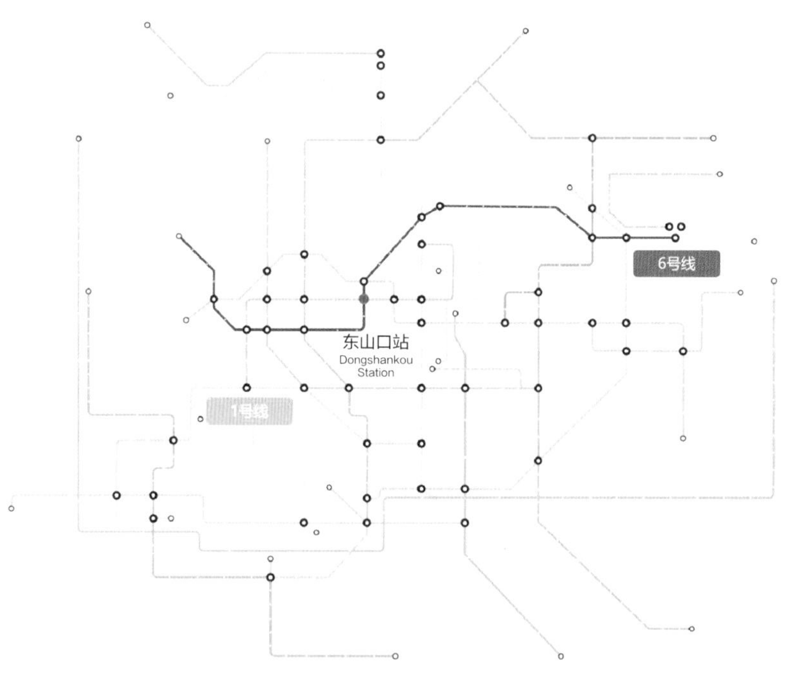

图2.2-1
东山口站在线网中的位置

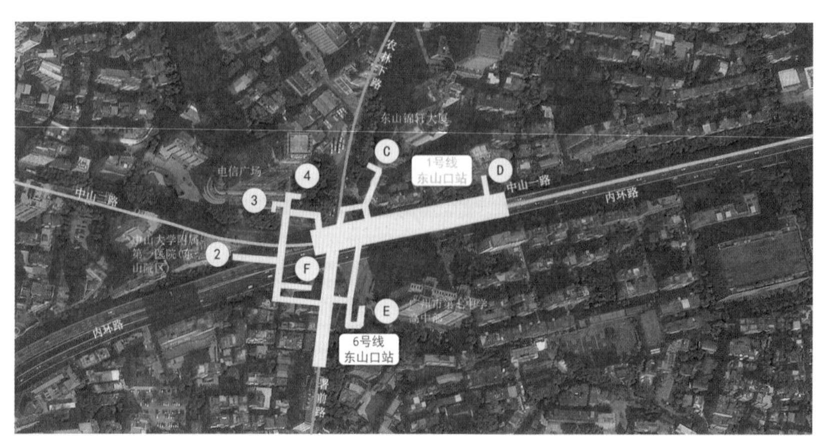

图2.2-2
东山口站地理位置

2.2.2 车站定位及环境

东山口站位于越秀区中山一路与署前路交叉路口，周边邻近广东药科大学附属第一医院（图2.2-3）、中山大学附属第一医院（图2.2-4）、广州市第七中学（图2.2-5）、广州市培正小学（图2.2-6）。周边用地规划主要为医疗和文化。

广州地铁6号线东山口车站入口处设计了以“印象东山，西韵情怀”为主题的文化墙，墙体形式采用老洋房的拱形窗与栏杆为设计元素，采用东山老洋房特有的红砖墙的砖红色为主要色彩，站厅墙体的用色与洋楼群中常见的黄色调相吻合，用黑色线描的方法勾勒昔日洋房的剪影。把东山洋楼这一建筑特色融入地铁空间中，提高该站厅的识别度，中西合璧的“东山洋房”柱式门廊是广州特有的民居建筑，见证着“羊城”多元文化并存的历史，构成了这里别具一格的城市风貌；并降低黄色的纯度，增强室内光线的柔和感。

车站设有5个出入口（图2.2-7～图2.2-11），其中：C_1出入口位于农林下路，可通往广东药科大学附属第一医院；C_2出入口通往市政通道；D出入口位于农林上路，可通往省人大；E出入口位于中山一路，可通往培正小学；F出入口位于署前路，可通往东山百货大楼。

图2.2-3　广东药科大学附属第一医院

图2.2-4　中山大学附属第一医院

图2.2-5　广州市第七中学

图2.2-6　培正小学

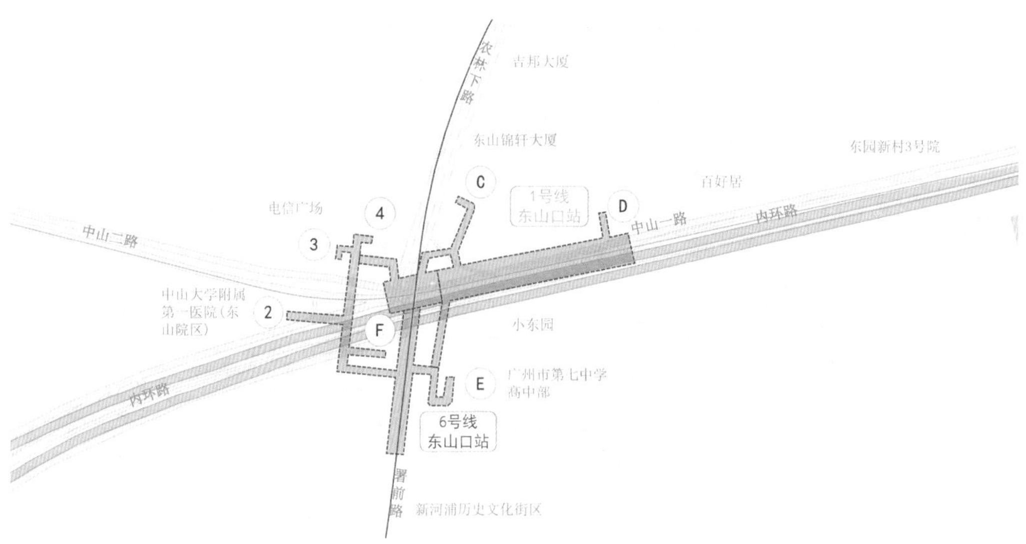

图2.2-7　东山口站出入口示意图

图2.2-8　C出入口

图2.2-9　D出入口

图2.2-10　E出入口

图2.2-11　F出入口

2.2.3 车站连通接口

东山口站连通接口分别设置在C、D出入口连通地面的通道中，该连通接口标识仅标注可分别通往东山锦轩现代城、东山口商业街。为方便介绍，本书分别命名其为1号连通接口、2号连通接口（按从上到下、从左到右的原则对站厅平面图中的连通接口进行命名，如图2.2-12所示）。

本站连通接口的基本情况为：1号连通接口连通东山锦轩现代城（图2.2-13），2号连通接口连通东山口商业街，均属于连通商业类型（图2.2-14）。

本站2个连通接口均位于地铁附属范围，连通接口具体情况见表2.2-1和表2.2-2。

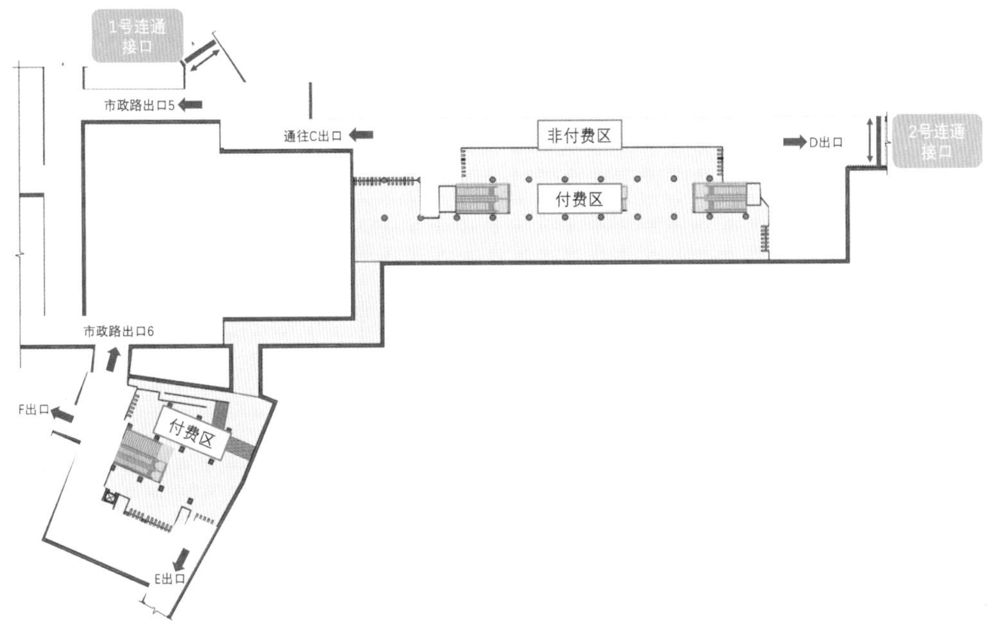

图2.2-12 东山口站厅平面图

图2.2-13 1号连通接口

图2.2-14 2号连通接口

（1）1号连通接口

1号连通接口信息汇总表　　表2.2-1

接口属性	连通位置	地铁出入口通道
	连接物业	东山锦轩现代城（商业）
	连接空间形态	地下空间
高差关系	连接形式	同层连接
	处理形式	坡道与台阶
连通接口尺寸	开口宽度（m）	6
	通道长度（m）	≥10
连通接口附加功能	无	

（2）2号连通接口

2号连通接口信息汇总表　　表2.2-2

接口属性	连通位置	地铁出入口通道
	连接物业	东山口商业街（商业）
	连接空间形态	地下空间
高差关系	连接形式	非同层连接
	处理形式	台阶与电扶梯
连通接口尺寸	开口宽度（m）	7.2
	通道长度（m）	≥10
连通接口附加功能	无	

2.2.4 连通接口附属设施

东山口站共2个连通接口，2号连通接口设置2种常规附属设施，包括防盗卷帘和防淹挡板；1号连通接口设置3种常规附属设施，包括防火卷帘、防盗卷帘、防淹挡板。

本站连通接口常规附属设施的设置情况见表2.2-3。

东山口站连通接口附属设施设置情况汇总表　　表2.2-3

连通接口	防火卷帘	防盗卷帘	防淹挡板	设置顺序
1号连通接口	2	1	1	地铁→防淹挡板→防火卷帘→防火卷帘→防盗卷帘→物业
2号连通接口	0	1	1	地铁→防淹挡板→防盗卷帘→物业

1. 本站连通接口常规附属设施设置情况

（1）1号连通接口

1号连通接口设置了3种常规附属设施，共4道，分别为：防火卷帘2道、防盗卷帘1道及防淹挡板1道（图2.2-15）。

具体设置位置为：防火卷帘靠近物业侧设置2道；防盗卷帘靠近物业侧设置1道；防淹挡板靠近地铁侧设置1道。

（2）2号连通接口

2号连通接口设置了2种常规附属设施，共2道，分别为：防盗卷帘1道及防淹挡板1道（图2.2-16）。

具体设置位置为：防盗卷帘靠近物业侧设置1道；防淹挡板靠近地铁侧设置1道。

综上，东山口站1个连通接口设置3种常规附属设施，包括：防火卷帘、防盗卷帘及防淹挡板，另外1个连通接口设置2种常规附属设施，包括：防盗卷帘及防淹挡板。车站与不同性质空间连通接口的附属设施设置数量、位置、顺序并未统一。

图2.2-15　1号连通接口侧面正视图

图2.2-16　2号连通接口侧面正视图

2. 本站连通接口常规附属设施归纳

（1）设置数量

1号连通接口设置2道防火卷帘、1道防盗卷帘及1道防淹挡板，2号连通接口设置1道防盗卷帘及1道防淹挡板。

（2）设置位置

1号连通接口防火卷帘靠近物业侧设置2道，防盗卷帘靠近物业侧设置1道，防淹挡板靠近地铁侧设置1道；2号连通接口防盗卷帘靠近物业侧设置1道，防淹挡板靠近地铁侧设置1道。

（3）设置顺序

从地铁站厅进入物业方向，1号连通接口依次设置防淹挡板、防火卷帘、防火卷帘、防盗卷帘；2号连通接口依次设置防淹挡板、防盗卷帘。

2.2.5　车站小结

（1）东山口站共有4个出入口，2个连通接口；2个连通接口均通过连接通道连通商业，属于连通商业类型。

（2）2个连通接口均为地铁附属连接商业类型，其中1号连通接口通过连接通道连接商业，且地铁站厅与商业同层连接，以坡道与台阶解决高差；2号连通接口通过连接通道连接商业，且地铁站厅与商业非同层连接，以台阶与电扶梯解决高差。

（3）东山口站1个连通接口设置3种常规附属设施，包括：防火卷帘、防盗卷帘及防淹挡板，另外1个连通接口设置2种常规附属设施，包括：防盗卷帘及防淹挡板。车站与不同性质空间连通接口的附属设施设置数量、位置、顺序并未统一：

1号连通接口设置2道防火卷帘、1道防盗卷帘及1道防淹挡板，2号连通接口设置1道防盗卷帘及1道防淹挡板。

1号连通接口防火卷帘靠近物业侧设置，防盗卷帘靠近物业侧设置，防淹挡板靠近地铁侧设置；2号连通接口防盗卷帘靠近物业侧设置，防淹挡板靠近地铁侧设置。

2个连通接口附属设施设置顺序各不相同，具体顺序见表2.2-4。

东山口站连通接口附属设施设置顺序汇总表 表2.2-4

设置顺序（从地铁站厅进入物业方向）	
1号连通接口	防淹挡板→防火卷帘→防火卷帘→防盗卷帘
2号连通接口	防淹挡板→防盗卷帘

长寿路站

2.3 长寿路站

2.3.1 车站概述

广州地铁1号线长寿路站位于广州市荔湾区长寿西路与宝华路交界处（图2.3-1和图2.3-2）。车站共有5个出入口，2个连通接口，均直接连通恒宝广场，属于连通商业类型。

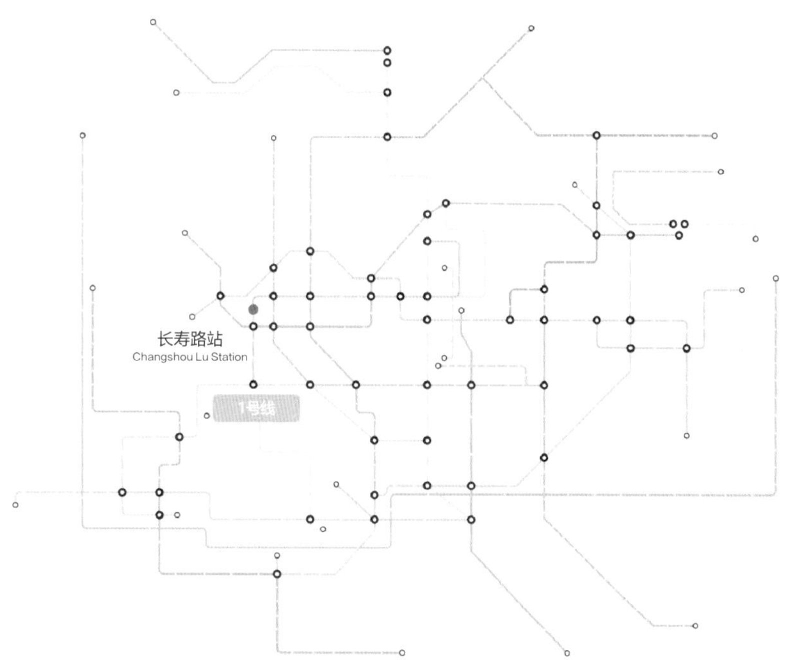

图2.3-1
长寿路站在线网中的位置

图2.3-2
长寿路站地理位置

2.3.2 车站定位及环境

长寿路站位于荔湾区长寿西路与宝华路的交界处，邻近上下九步行街（图2.3-3）西关旅游购物区，荔枝湾（图2.3-4）、耀华大街历史文化街区等文化旅游景点以及广州医科大学附属第三医院（图2.3-5），上盖恒宝广场（图2.3-6）。周边用地规划主要为医疗、商业和文化。

长寿路东起人民中路，西至宝华路，因清代长寿大街内建有长寿寺而得名。史料上所记载的昔日如“清明上河图”一般热闹、繁华的长寿路，如今依然鲜活、真实地存在于这片“长寿街市”当中。

除了颇具特色的“商住结合”的生活模式，老广生活中最为人津津乐道的“街坊之情”，在此处也是随处可见。“长寿街市”的中心部分（文兴大街）是老广们的购物天堂——大笪地（“大笪地”在粤语中指“一大片空地”，也指“开阔、简陋、专卖平价货品”的地方）。穿过位于中心区域的“大笪地”后，有一连串居民街，分别是文兴大街、高基大街、驿巷通津、驿巷。

车站设有5个出入口（图2.3-7～图2.3-12），其中：A出入口位于长寿西路，可通往上下九步行街，B出入口位于宝华路往北、耀华大街历史文化街区内，D_1、E出入口位于

图2.3-3　上下九步行街

图2.3-4　荔枝湾

图2.3-5　广州医科大学附属第三医院

图2.3-6　恒宝广场

恒宝广场内，D_2出入口位于宝华路往南，可通往恒宝广场。

D_1、D_2、E出入口均结合周边建筑建设，分布在恒宝广场不同方位。

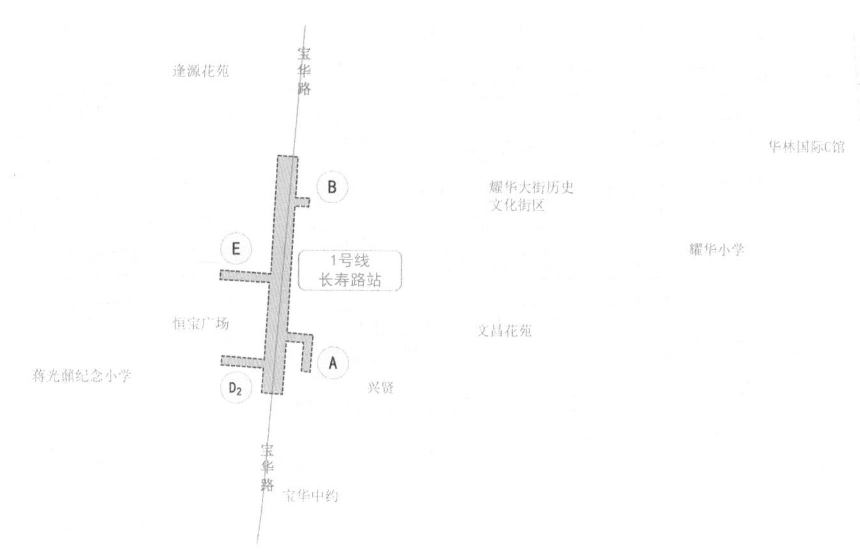

图2.3-7　长寿路站出入口示意图

图2.3-8　A出入口

图2.3-9　B出入口

图2.3-10　D_1出入口

图2.3-11　D_2出入口

2.3.3 车站连通接口

长寿路站连通接口分别设置在D、E出入口连接地面的通道中，该连通接口标识仅标注可通往恒宝广场。为方便介绍，本书分别命名其为1号连通接口、2号连通接口（按从上到下、从左到右的原则对站厅平面图中的连通接口进行命名，如图2.3-13所示）。

本站连通接口的基本情况为：1号连通接口、2号连通接口均连通恒宝广场，属于连通商业类型（图2.3-14和图2.3-15）。

图2.3-12 E出入口

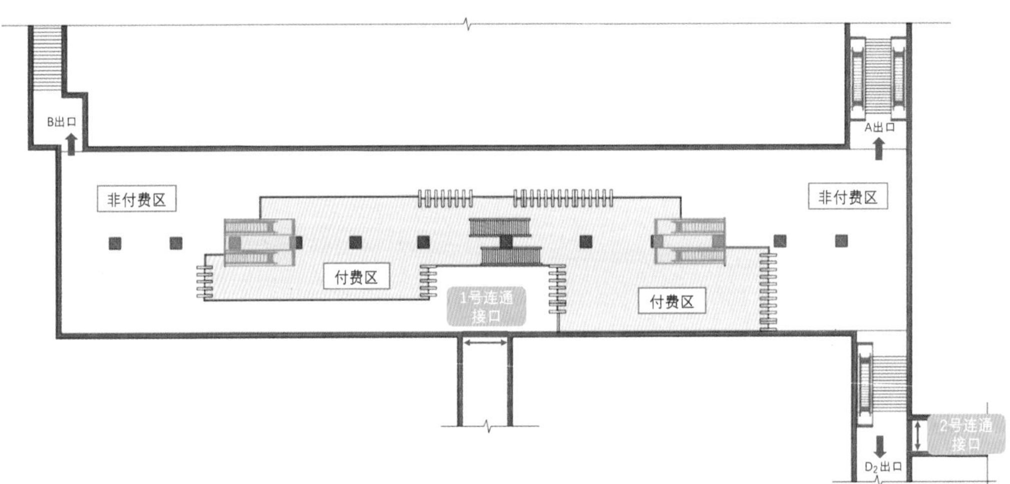

图2.3-13 长寿路站厅平面图

图2.3-14 1号连通接口

图2.3-15 2号连通接口

本站2个连通接口均位于地铁主体范围，连通接口具体情况见表2.3-1和表2.3-2。

（1）1号连通接口

1号连通接口信息汇总表　　表2.3-1

接口属性	连通位置	地铁主体站厅
	连接物业	恒宝广场（商业）
	连接空间形态	地下空间
高差关系	连接形式	非同层连接
	处理形式	台阶与电扶梯
连通接口尺寸	开口宽度（m）	5
	通道长度（m）	8
连通接口附加功能	无	

（2）2号连通接口

2号连通接口信息汇总表　　表2.3-2

接口属性	连通位置	地铁主体站厅
	连接物业	恒宝广场（商业）
	连接空间形态	地下空间
高差关系	连接形式	非同层连接
	处理形式	台阶与电扶梯
连通接口尺寸	开口宽度（m）	5
	通道长度（m）	5
连通接口附加功能	无	

2.3.4 连通接口附属设施

长寿路站共2个连通接口，连通接口均设置3种常规附属设施，包括防火卷帘、防盗卷帘、防淹挡板。

本站连通接口常规附属设施的设置情况见表2.3-3。

长寿路站连通接口附属设施设置情况汇总表　　表2.3-3

连通接口	防火卷帘	防盗卷帘	防淹挡板	设置顺序
1号连通接口	2	2	2	地铁→防淹挡板→防盗卷帘→防火卷帘→防火卷帘→防淹挡板→防盗卷帘→物业
2号连通接口	2	2	2	地铁→防淹挡板→防盗卷帘→防火卷帘→防淹挡板→防火卷帘→防盗卷帘→物业

1. 本站连通接口常规附属设施设置情况

（1）1号连通接口

1号连通接口设置了3种常规附属设施，共6道，分别为：防火卷帘2道、防盗卷帘2道及防淹挡板2道（图2.3-16）。

具体设置位置为：防火卷帘、防盗卷帘与防淹挡板均靠近物业侧设置1道，靠近地铁侧设置1道。

（2）2号连通接口

2号连通接口设置了3种常规附属设施，共6道，分别为：防火卷帘2道、防盗卷帘2道及防淹挡板2道（图2.3-17）。

具体设置位置为：防火卷帘靠近物业侧设置1道，靠近地铁侧设置1道；防盗卷帘靠近地铁侧设置1道，靠近物业侧设置1道；防淹挡板靠近地铁侧设置2道。

图2.3-16　1号连通接口侧面正视图

图2.3-17　2号连通接口侧面正视图

综上，长寿路站连通接口通常设置3种常规附属设施，包括：防火卷帘、防盗卷帘和防淹挡板，但车站与同一性质空间连通接口的附属设施设置位置与顺序并未统一。

2. 本站连通接口常规附属设施归纳

（1）设置数量

1号连通接口、2号连通接口均设置2道防火卷帘、2道防盗卷帘及2道防淹挡板。

（2）设置位置

1号连通接口防火卷帘、防盗卷帘与防淹挡板均靠近物业侧设置1道，靠近地铁侧设置1道；2号连通接口防火卷帘靠近物业侧设置1道、靠近地铁侧设置1道，防盗卷帘靠近地铁侧设置1道、靠近物业侧设置1道，防淹挡板靠近地铁侧设置2道。

（3）设置顺序

从地铁站厅进入物业方向，1号连通接口依次设置防淹挡板、防盗卷帘、防火卷帘、防火卷帘、防淹挡板、防盗卷帘，2号连通接口依次设置防淹挡板、防盗卷帘、防火卷帘、防淹挡板、防火卷帘、防盗卷帘。

2.3.5 车站小结

（1）长寿路站共有5个出入口，2个连通接口；2个连通接口均直接连通商业，属于连通商业类型。

（2）2个连通接口均为地铁主体连接商业类型，直接连通商业空间，1、2号连通接口地铁站厅与物业非同层连接，均以台阶与电扶梯解决高差。

（3）长寿路站连通接口通常设置3种常规附属设施，包括：防火卷帘、防盗卷帘和防淹挡板，但车站与同一性质空间连通接口的附属设施设置位置与顺序并未统一：

1号连通接口、2号连通接口均设置2道防火卷帘、2道防盗卷帘及2道防淹挡板。

1号连通接口靠近物业侧与地铁侧均设置防火卷帘、防盗卷帘与防淹挡板；2号连通接口靠近物业侧设置防火卷帘与防盗卷帘，靠近地铁侧设置防火卷帘、防盗卷帘与防淹挡板。

2个连通接口附属设施设置顺序各不相同，具体顺序见表2.3-4。

长寿路站连通接口附属设施设置顺序汇总表　　表2.3-4

	设置顺序（从地铁站厅进入物业方向）
1号连通接口	防淹挡板→防盗卷帘→防火卷帘→防火卷帘→防淹挡板→防盗卷帘
2号连通接口	防淹挡板→防盗卷帘→防火卷帘→防淹挡板→防火卷帘→防盗卷帘

公园前站

2.4 公园前站

2.4.1 车站概述

公园前站为广州地铁1号线和2号线的换乘站，位于广州市越秀区中山五路与广州起义路交叉口（图2.4-1和图2.4-2）。车站共有13个出入口，8个连通接口，分别连通动漫星城、中旅商业城、百汇广场和五月花商城，均属于连通商业类型。

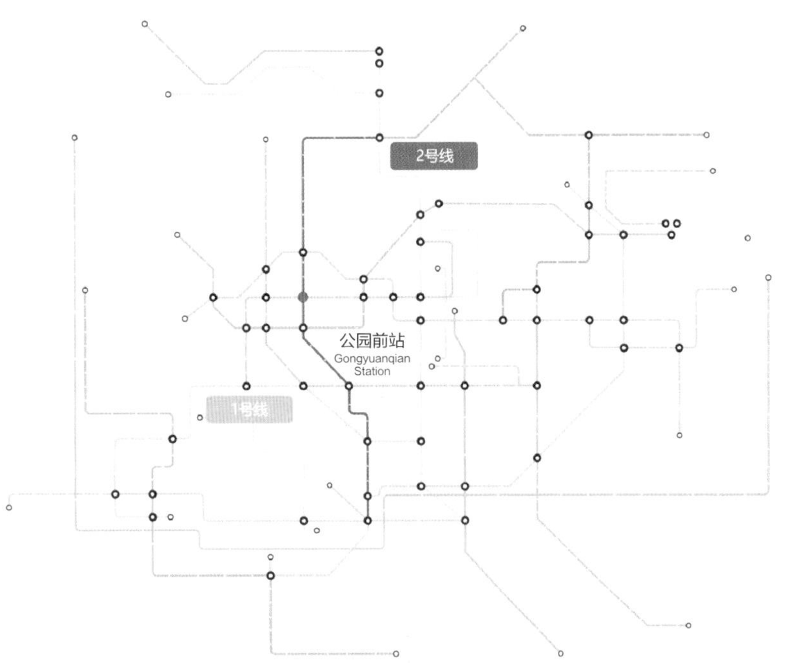

图2.4-1
公园前站在线网中的位置

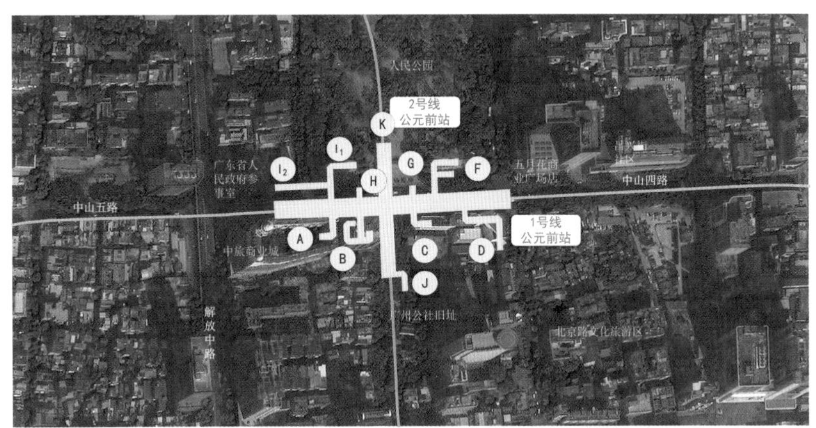

图2.4-2
公园前站地理位置

2.4.2　车站定位及环境

公园前站位于越秀区中山五路与广州起义路交叉口，东南面为北京路步行街区，北面为人民公园（旧称中央公园），南面为广州公社旧址和百汇广场，西面为解放中路。周边用地规划主要为商业和公园绿地。

公园前站附近有许多著名景点，包括广州人民公园（图2.4-3）、广州起义纪念馆（即广州公社旧址）（图2.4-4）、北京路商业步行街（图2.4-5）等。广州人民公园是广州最早建立的综合性公园，位于广州传统中轴线上，公园布局为意大利图案式庭园，呈方形对称形式；人民公园南侧正下方是广州最大商业城——动漫星城（图2.4-6）。

车站设有13个出入口（图2.4-7），其中：A、B_1、B_2、C、D、E、F、G、H、I_1、I_2出入口由1号线建设（图2.4-8～图2.4-18），J、K出入口由2号线建设（图2.4-19和图2.4-20）。A出入口位于解放中路，可通往中旅商业城；B出入口先连通至百汇广场内，再分为B_1、B_2两个出入口到室外；C、D出入口位于车站东南面，可通往北京路步行街；E出入口位于车站东面，可通往五月花商场；F、G、H、I_1、K出入口可通往动漫星城；I_2出入口位于西面，与人民公园隔路相望；J出入口位于南面，可通往广州起义纪念馆。

图2.4-3　广州人民公园

图2.4-4　广州起义纪念馆

图2.4-5　北京路商业步行街

图2.4-6　动漫星城入口

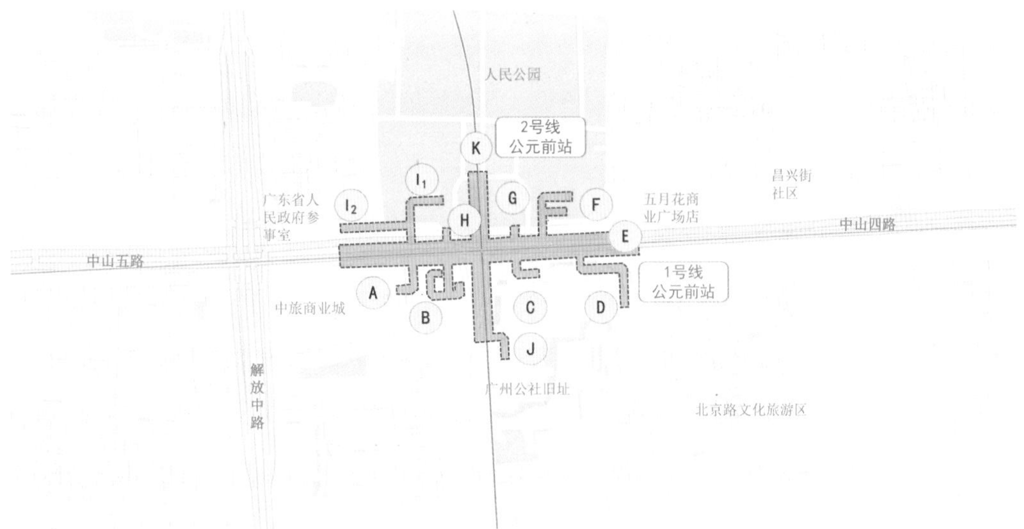

图2.4-7　公园前站出入口示意图

图2.4-8　A出入口

图2.4-9　B_1出入口

图2.4-10　B_2出入口

图2.4-11　C出入口

图2.4-12　D出入口

图2.4-13　E出入口

图2.4-14　F出入口

图2.4-15　G出入口

图2.4-16　H出入口

图2.4-17　I_1出入口

图2.4-18　I_2出入口

图2.4-19　J出入口

图2.4-20　K出入口

2.4.3　车站连通接口

公园前站连通接口分别设置在出入口连通地面的通道中和地铁主体站厅中（图2.4-21），其中：B、E号连通接口设置在B、E出入口连通地面的通道中，A、F、G、H、I_1、K号连通接口设置在地铁主体站厅中。

本站连通接口的基本情况为：A号连通接口直接连通中旅商业城，B号连通接口连通百汇广场，E号连通接口连通五月花商场，F、G、H、I_1、K号连通接口均直接连通动漫星城，均属于连通商业类型（图2.4-22～图2.4-29）。

本站2个连通接口位于地铁附属范围，6个连通接口位于地铁主体范围，连通接口具体情况见表2.4-1～表2.4-8。

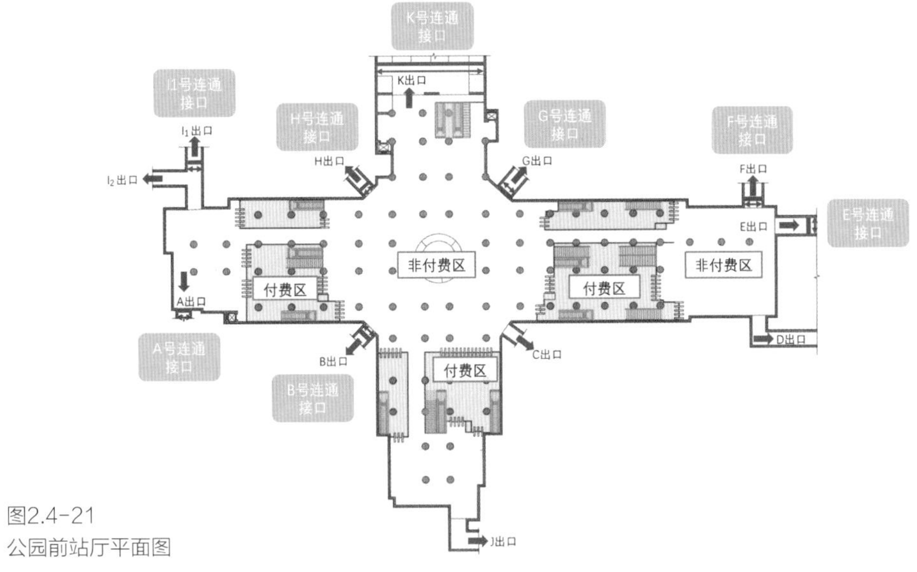

图2.4-21
公园前站厅平面图

图2.4-22　A号连通接口

图2.4-23　B号连通接口

图2.4-24　E号连通接口

图2.4-25　F号连通接口

图2.4-26　G号连通接口

图2.4-27　H号连通接口

图2.4-28　I_1号连通接口

图2.4-29　K号连通接口

（1）A号连通接口

A号连通接口信息汇总表　　表2.4-1

接口属性	连通位置	地铁主体站厅	
	连接物业	中旅商业城（商业）	
	连接空间形态	地下空间	
高差关系	连接形式	同层连接	
	处理形式	坡道	
连通接口尺寸	开口宽度（m）	5.4	
	通道长度（m）	2	
连通接口附加功能	无		

（2）B号连通接口

B号连通接口信息汇总表　　表2.4-2

接口属性	连通位置	地铁主体站厅	
	连接物业	百汇广场（商业）	
	连接空间形态	地下空间	
高差关系	连接形式	非同层连接	
	处理形式	台阶与电扶梯	
连通接口尺寸	开口宽度（m）	5.7	
	通道长度（m）	6	
连通接口附加功能	无		

（3）E号连通接口

E号连通接口信息汇总表　　表2.4-3

接口属性	连通位置	地铁出入口通道	
	连接物业	五月花商场（商业）	
	连接空间形态	地下空间	
高差关系	连接形式	同层连接	
	处理形式	坡道	
连通接口尺寸	开口宽度（m）	5.4	
	通道长度（m）	≥10	
连通接口附加功能	附有部分商业功能		

（4）F号连通接口

F号连通接口信息汇总表　　表2.4-4

接口属性	连通位置	地铁主体站厅	
	连接物业	动漫星城（商业）	
	连接空间形态	地下空间	
高差关系	连接形式	同层连接	
	处理形式	坡道、台阶及电扶梯	
连通接口尺寸	开口宽度（m）	8	
	通道长度（m）	6	
连通接口附加功能	无		

（5）G号连通接口

G号连通接口信息汇总表　　表2.4-5

接口属性	连通位置	地铁主体站厅	
	连接物业	动漫星城（商业）	
	连接空间形态	地下空间	
高差关系	连接形式	同层连接	
	处理形式	坡道	
连通接口尺寸	开口宽度（m）	6	
	通道长度（m）	4	
连通接口附加功能	无		

（6）H号连通接口

H号连通接口信息汇总表　　表2.4-6

接口属性	连通位置	地铁主体站厅	
	连接物业	动漫星城（商业）	
	连接空间形态	地下空间	
高差关系	连接形式	同层连接	
	处理形式	坡道、台阶及电扶梯	
连通接口尺寸	开口宽度（m）	6	
	通道长度（m）	3	
连通接口附加功能	无		

（7）I_1号连通接口

I_1号连通接口信息汇总表　　表2.4-7

接口属性	连通位置	地铁主体站厅
	连接物业	动漫星城（商业）
	连接空间形态	地下空间
高差关系	连接形式	同层连接
	处理形式	坡道与台阶
连通接口尺寸	开口宽度（m）	5
	通道长度（m）	6
连通接口附加功能	无	

（8）K号连通接口

K号连通接口信息汇总表　　表2.4-8

接口属性	连通位置	地铁主体站厅
	连接物业	动漫星城（商业）
	连接空间形态	地下空间
高差关系	连接形式	同层连接
	处理形式	坡道与台阶
连通接口尺寸	开口宽度（m）	10
	通道长度（m）	2
连通接口附加功能	无	

2.4.4 连通接口附属设施

公园前站共8个连通接口，2个连通接口设置2种常规附属设施，包括防盗卷帘、防淹挡板；6个连通接口设置3种常规附属设施，包括防火卷帘、防盗卷帘、防淹挡板（表2.4-9）。

公园前站连通接口附属设施设置情况汇总表　　表2.4-9

连通接口	防火卷帘	防盗卷帘	防淹挡板	设置顺序
A号连通接口	0	2	1	地铁→防盗卷帘→防淹挡板→防盗卷帘→物业
B号连通接口	0	2	1	地铁→防淹挡板→防盗卷帘→防盗卷帘→物业
E号连通接口	2	1	1	地铁→防淹挡板→防盗卷帘→防火卷帘→防火卷帘→物业
F号连通接口	1	2	1	地铁→防淹挡板→防盗卷帘→防盗卷帘→防火卷帘→物业
G号连通接口	1	1	1	地铁→防淹挡板→防火卷帘→防盗卷帘→物业
H号连通接口	1	1	1	地铁→防淹挡板→防火卷帘→防盗卷帘→物业
I_1号连通接口	1	1	1	地铁→防淹挡板→防火卷帘→防盗卷帘→物业
K号连通接口	1	1	1	地铁→防火卷帘→防淹挡板→防盗卷帘→物业

1. 本站连通接口常规附属设施的设置情况

（1）A号连通接口

A号连通接口设置了2种常规附属设施，共3道，分别为：防盗卷帘2道和防淹挡板1道（图2.4-30）。

具体设置位置为：防盗卷帘靠近物业侧设置1道，靠近地铁侧设置1道；防淹挡板1道设置在2道防盗卷帘之间。

（2）B号连通接口

B号连通接口设置了2种常规附属设施，共3道，分别为：防盗卷帘2道和防淹挡板1道（图2.4-31）。

具体设置位置为：防盗卷帘靠近物业侧设置2道；防淹挡板靠近地铁侧设置1道。

图2.4-30　A号连通接口侧面正视图

图2.4-31　B号连通接口侧面正视图

（3）E号连通接口

E号连通接口设置了3种常规附属设施，共4道，分别为：防火卷帘2道、防盗卷帘1道及防淹挡板1道（图2.4-32）。

具体设置位置为：防火卷帘靠近物业侧设置2道；防盗卷帘靠近地铁侧设置1道；防淹挡板靠近地铁侧设置1道。

（4）F号连通接口

F号连通接口设置了3种常规附属设施，共4道，分别为：防火卷帘1道、防盗卷帘2道及防淹挡板1道。

具体设置位置为：防火卷帘靠近物业侧设置1道；防盗卷帘靠近物业侧设置1道，靠近地铁侧设置1道；防淹挡板靠近地铁侧设置1道（图2.4-33和图2.4-34）。

（5）G、H、I_1号连通接口

G、H、I_1号连通接口设置了3种常规附属设施，共3道，分别为：防火卷帘1道、防盗卷帘1道及防淹挡板1道（图2.4-35~图2.4-37）。

具体设置位置为：防火卷帘1道设置在防淹挡板与防盗卷帘之间；防盗卷帘靠近物业侧设置1道；防淹挡板靠近地铁侧设置1道。

（6）K号连通接口

K号连通接口设置了3种常规附属设施，共3道，分别为：防火卷帘1道、防盗卷帘

图2.4-32　E号连通接口侧面正视图

图2.4-33　F号连通接口侧面正视图1

图2.4-34　F号连通接口侧面正视图2

图2.4-35　G号连通接口侧面正视图

1道及防淹挡板1道（图2.4-38）。

具体设置位置为：防火卷帘靠近地铁侧设置1道；防盗卷帘靠近物业侧设置1道；防淹挡板1道设置在防火卷帘与防盗卷帘之间。

综上，6个公园前站连通接口设置3种常规附属设施，包括：防盗卷帘、防火卷帘及防淹挡板；2个公园前站连通接口设置2种常规附属设施，包括：防盗卷帘和防淹挡板，车站与同一性质空间连通接口的附属设施设置数量、位置、顺序并未统一。

2. 本站连通接口常规附属设施归纳

（1）设置数量

A、B号连通接口设置2道防盗卷帘和1道防淹挡板；G、H、I_1、K号连通接口设置1道防火卷帘、1道防盗卷帘及1道防淹挡板；E号连通接口设置2道防火卷帘、1道防盗卷帘及1道防淹挡板；F号连通接口设置1道防火卷帘、2道防盗卷帘及1道防淹挡板。

（2）设置位置

A号连通接口防盗卷帘靠近物业侧设置1道，靠近地铁侧设置1道，防淹挡板1道设置在2道防盗卷帘之间；B号连通接口防盗卷帘靠近物业侧设置2道，防淹挡板靠近地铁侧设置1道；G、H、I_1号连通接口防火卷帘1道设置在防淹挡板与防盗卷帘之间，防盗卷帘靠近物业侧设置1道，防淹挡板靠近地铁侧设置1道；E号连通接口防火卷帘靠近物业侧设置2道，防盗卷帘靠近地铁侧设置1道，防淹挡板靠近地铁侧设置1道；F号连通接口防火卷

图2.4-36　H号连通接口侧面正视图

图2.4-37　I_1号连通接口侧面正视图

图2.4-38　K号连通接口侧面正视图

帘靠近物业侧设置1道，防盗卷帘靠近物业侧设置1道，靠近地铁侧设置1道，防淹挡板靠近地铁侧设置1道；K号连通接口防火卷帘靠近地铁侧设置1道，防盗卷帘靠近物业侧设置1道，防淹挡板1道设置在防火卷帘与防盗卷帘之间。

（3）设置顺序

从地铁站厅进入物业方向，A号连通接口依次设置防盗卷帘、防淹挡板、防盗卷帘；B号连通接口依次设置防淹挡板、防盗卷帘、防盗卷帘；G、H、I_1号连通接口依次设置防淹挡板、防火卷帘、防盗卷帘；E号连通接口依次设置防淹挡板、防盗卷帘、防火卷帘、防火卷帘；F号连通接口依次设置防淹挡板、防盗卷帘、防盗卷帘、防火卷帘；K号连通接口依次设置防火卷帘→防淹挡板→防盗卷帘。

2.4.5 车站小结

（1）公园前站共有13个出入口，8个连通接口；其中A、B、F、G、H、I_1、K号连通接口直接连通商业，E号连通接口通过连接通道连通商业，连通接口均属于连通商业类型。

（2）1个连通接口为地铁附属连接商业类型，且地铁站厅与物业同层连接，以台阶与电扶梯解决高差；7个连通接口为地铁主体连接商业类型，其中7个地铁站厅与物业同层连接，以坡道与台阶解决高差；1个地铁站厅与物业不同层连接，以台阶与电扶梯解决高差。

（3）公园前站共8个连通接口，2个连通接口设置2种常规附属设施，包括防盗卷帘、防淹挡板；6个连通接口设置3种常规附属设施，包括防火卷帘、防盗卷帘、防淹挡板。车站与同一性质空间连通接口的附属设施设置数量、位置、顺序并未统一：

A、B号连通接口设置2道防盗卷帘及1道防淹挡板；G、H、I_1、K号连通接口设置1道防火卷帘、1道防盗卷帘及1道防淹挡板，E号连通接口设置2道防火卷帘、1道防盗卷帘及1道防淹挡板，F号连通接口设置1道防火卷帘、2道防盗卷帘及1道防淹挡板。

A号连通接口靠近物业侧设置防盗卷帘，靠近地铁侧设置防盗卷帘，防淹挡板设置在防盗卷帘与防盗卷帘之间；B号连通接口靠近物业侧设置防盗卷帘，靠近地铁侧设置防淹挡板；G、H、I_1号连通接口靠近物业侧设置防盗卷帘，靠近地铁侧设置防淹挡板，防火卷帘设置在防淹挡板与防盗卷帘之间；E号连通接口靠近物业侧设置防火卷帘，靠近地铁侧设置防盗卷帘与防淹挡板；F号连通接口靠近物业侧设置防火卷帘与防盗卷帘，靠近地铁侧设置防盗卷帘与防淹挡板；K号连通接口靠近地铁侧设置防火卷帘，靠近物业侧设置防盗卷帘，防淹挡板设置在防火卷帘与防盗卷帘之间。

8个连通接口附属设施设置顺序各不相同，具体顺序见表2.4-10。

公园前站连通接口附属设施设置顺序汇总表　　表2.4-10

	设置顺序（从地铁站厅进入物业方向）
A号连通接口	防盗卷帘→防淹挡板→防盗卷帘
B号连通接口	防淹挡板→防盗卷帘→防盗卷帘
E号连通接口	防淹挡板→防盗卷帘→防火卷帘→防火卷帘
F号连通接口	防淹挡板→防盗卷帘→防盗卷帘→防火卷帘
G号连通接口	防淹挡板→防火卷帘→防盗卷帘
H号连通接口	防淹挡板→防火卷帘→防盗卷帘
I_1号连通接口	防淹挡板→防火卷帘→防盗卷帘
K号连通接口	防火卷帘→防淹挡板→防盗卷帘

珠江新城站

2.5 珠江新城站

2.5.1 车站概述

珠江新城站为广州地铁3号线与5号线的换乘站，位于广州市天河区华夏路与花城大道交叉路口（图2.5-1和图2.5-2）。车站共有6个出入口，4个连通接口，分别连通花城汇购物中心、富力盈凯广场、合景国际金融广场与富力中心，均属于连通商业类型。

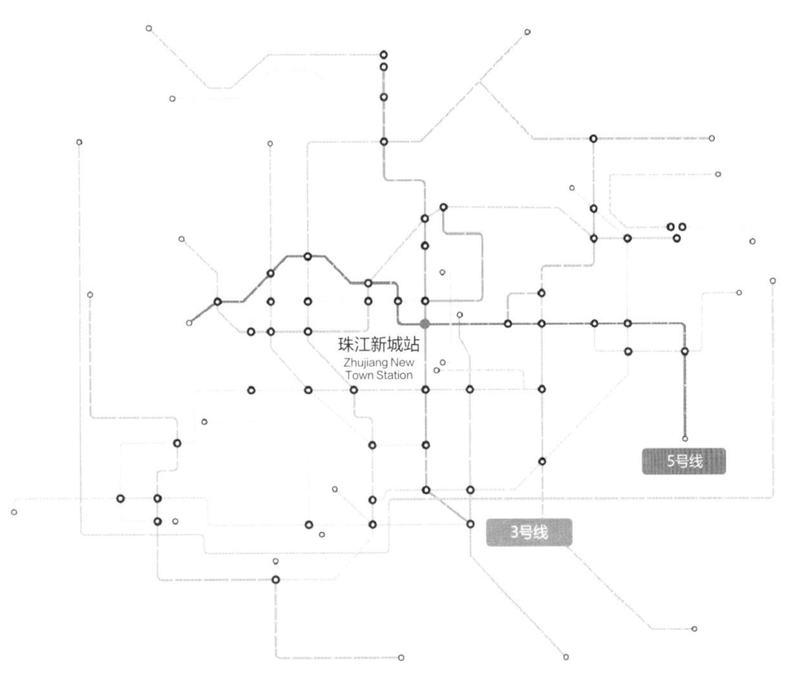

图2.5-1
珠江新城站在线网中的位置

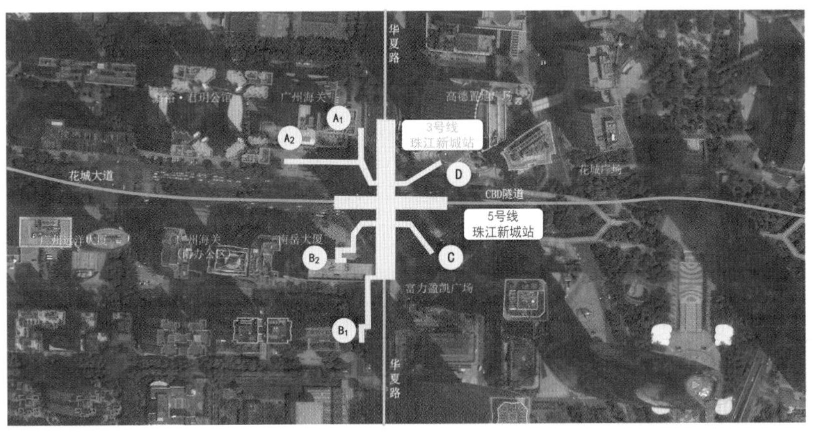

图2.5-2
珠江新城站地理位置

2.5.2 车站定位及环境

珠江新城站位于天河区华夏路与花城大道交叉路口，3号线呈南北走向，5号线呈东西走向，为十字换乘车站。周边邻近花城汇（图2.5-3）、合景国际金融广场（图2.5-4）、富力盈凯广场（图2.5-5）与富力中心大厦（图2.5-6），周边用地规划主要为商业。

图2.5-3 花城汇

图2.5-4 合景国际金融广场

图2.5-5 富力盈凯广场

图2.5-6 富力中心大厦

珠江新城位于天河、越秀及海珠三区的交接处，总规划用地面积6.44km^2，核心地区约1km^2，商建面积约450万m^2，是广州天河CBD的主要组成部分。

珠江新城以冼村路为界，分东、西两区，东区以居住为主，西区以商务办公为主，两区以珠江滨水绿化带和东西向商业活动轴线贯通。在广州城市中轴线和珠江新城景观轴的交汇处，建设多个标志性建筑，如广州大剧院、广东省博物馆、广州市图书馆、广州市少年宫等重要公共设施，花城广场、海心沙市民广场等。

车站设有6个出入口（图2.5-7～图2.5-13），其中：A_1出入口位于华夏路，A_2出入口位于花城大道，均可通往广州海关；B_1、B_2出入口位于华夏路，可通往广州市政服务中心；C出入口位于华夏路，可通往富力盈凯广场、合景国际金融广场、富力中心；D出入口位于花城大道，可通往高德置地广场、广州友谊国金商店、花城汇购物中心。

B_2、C、D出入口均结合周边建筑建设，分布在富力盈凯广场与花城汇购物中心不同方位。市民可利用各出入口的地下连通穿过马路。

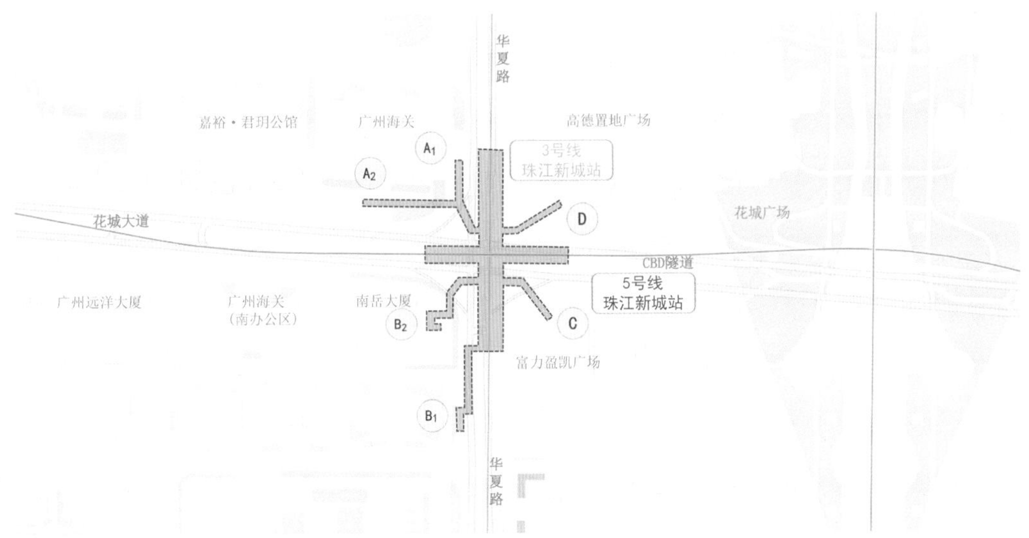

图2.5-7　珠江新城站出入口示意图

图2.5-8　A_1出入口

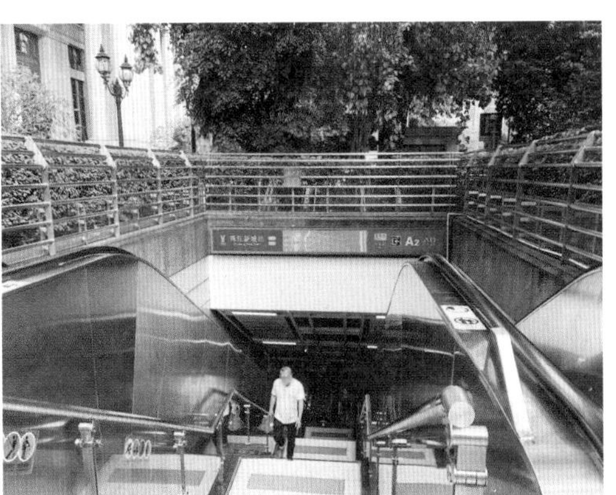
图2.5-9　A_2出入口

图2.5-10　B_1出入口

图2.5-11　B_2出入口

图2.5-12　C出入口

图2.5-13　D出入口

2.5.3　车站连通接口

珠江新城站连通接口分别设置在C、D出入口连通地面的通道中，该连通接口标识仅标注可分别通往富力盈凯广场、富力中心、花城汇与高德置地广场。为方便介绍，本书分别命名其为1号连通接口、2号连通接口、3号连通接口、4号连通接口（按从上到下、从左到右的原则对站厅平面图中的连通接口进行命名，见图2.5-14）。

本站连通接口的基本情况为：1号连通接口连通富力盈凯广场，2号连通接口连通富力中心，3号连通接口连通花城汇，4号连通接口连通高德置地广场，均属于连通商业类型（图2.5-15～图2.5-18）。

本站4个连通接口均位于地铁附属范围，连通接口具体情况见表2.5-1～表2.5-4。

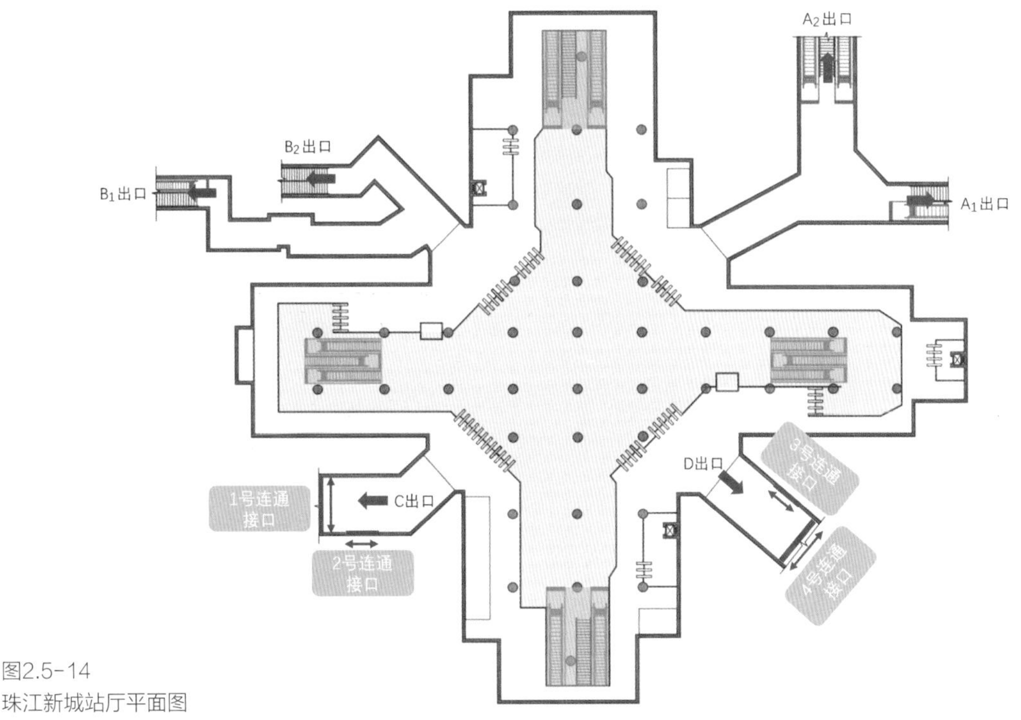

图2.5-14
珠江新城站厅平面图

图2.5-15　1号连通接口

图2.5-16　2号连通接口

图2.5-17　3号连通接口

图2.5-18　4号连通接口

（1）1号连通接口

1号连通接口信息汇总表　　表2.5-1

接口属性	连通位置	地铁出入口通道	
	连接物业	富力盈凯广场（商业）	
	连接空间形态	地下空间	
高差关系	连接形式	非同层连接	
	处理形式	台阶	
连通接口尺寸	开口宽度（m）	2.8	
	通道长度（m）	1	
连通接口附加功能	无		

（2）2号连通接口

2号连通接口信息汇总表　　表2.5-2

接口属性	连通位置	地铁出入口通道	
	连接物业	富力中心（商业）	
	连接空间形态	地下空间	
高差关系	连接形式	非同层连接	
	处理形式	台阶	
连通接口尺寸	开口宽度（m）	6	
	通道长度（m）	≥10	
连通接口附加功能	无		

（3）3号连通接口

3号连通接口信息汇总表　　表2.5-3

接口属性	连通位置	地铁出入口通道
	连接物业	花城汇（商业）
	连接空间形态	地下空间
高差关系	连接形式	同层连接
	处理形式	台阶与坡道
连通接口尺寸	开口宽度（m）	6.4
	通道长度（m）	≥10
连通接口附加功能	无	

（4）4号连通接口

4号连通接口信息汇总表　　表2.5-4

接口属性	连通位置	地铁出入口通道
	连接物业	高德置地广场（商业）
	连接空间形态	地下空间
高差关系	连接形式	同层连接
	处理形式	台阶与坡道
连通接口尺寸	开口宽度（m）	7.2
	通道长度（m）	1
连通接口附加功能	无	

2.5.4 连通接口附属设施

珠江新城站共4个连通接口，连通接口均设置3种常规附属设施，包括防火卷帘、防盗卷帘、防淹挡板（表2.5-5）。

珠江新城站连通接口附属设施设置情况汇总表　　表2.5-5

连通接口	防火卷帘	防盗卷帘	防淹挡板	设置顺序
1号连通接口	1	2	1	地铁→防盗卷帘→防火卷帘→防淹挡板→防盗卷帘→物业
2号连通接口	2	1	2	地铁→防淹挡板→防火卷帘→防盗卷帘→防火卷帘→防淹挡板→物业
3号连通接口	1	1	2	地铁→防淹挡板→防盗卷帘→防火卷帘→防淹挡板→物业
4号连通接口	1	1	1	地铁→防淹挡板→防火卷帘→防盗卷帘→物业

1. 本站连通接口常规附属设施的设置情况

（1）1号连通接口

1号连通接口设置了3种常规附属设施，共4道，分别为：防火卷帘1道、防盗卷帘2道及防淹挡板1道（图2.5-19）。

具体设置位置为：防火卷帘靠近物业侧设置1道；防盗卷帘靠近地铁侧设置1道，靠近物业侧设置1道；防淹挡板靠近物业侧设置1道。

（2）2号连通接口

2号连通接口设置了3种常规附属设施，共5道，分别为：防火卷帘2道、防盗卷帘1道及防淹挡板2道（图2.5-20）。

具体设置位置为：防火卷帘靠近地铁侧设置1道，靠近物业侧设置1道；防盗卷帘在2道防火卷帘之间设置1道；防淹挡板靠近地铁侧设置1道，靠近物业侧设置1道。

图2.5-19　1号连通接口侧面正视图

图2.5-20　2号连通接口侧面正视图

图2.5-21　3号连通接口侧面正视图

图2.5-22　4号连通接口侧面正视图

（3）3号连通接口

3号连通接口设置了3种常规附属设施，共4道，分别为：防火卷帘1道、防盗卷帘1道及防淹挡板2道（图2.5-21）。

具体设置位置为：防火卷帘靠近物业侧设置1道；防盗卷帘靠近物业侧设置1道；防淹挡板靠近地铁侧设置1道，靠近物业侧设置1道。

（4）4号连通接口

4号连通接口设置了3种常规附属设施，共3道，分别为：防火卷帘1道、防盗卷帘1道及防淹挡板1道（图2.5-22）。

具体设置位置为：防火卷帘靠近物业侧设置1道；防盗卷帘靠近物业侧设置1道；防淹挡板靠近地铁侧设置1道。

综上，珠江新城站连通接口通常设置3种常规附属设施，包括：防盗卷帘、防火卷帘及防淹挡板，但车站与同一性质空间连通接口的附属设施设置数量、位置、顺序并未统一。

2. 本站连通接口常规附属设施归纳

（1）设置数量

1号连通接口设置1道防火卷帘，2道防盗卷帘，1道防淹挡板；2号连通接口设置2道防火卷帘，1道防盗卷帘，2道防淹挡板；3号连通接口设置1道防火卷帘，1道防盗卷帘，2道防淹挡板；4号连通接口设置1道防火卷帘，1道防盗卷帘，1道防淹挡板。

（2）设置位置

1号连通接口防火卷帘靠近物业侧设置1道，防盗卷帘靠近地铁侧设置1道，靠近物业侧设置1道，防淹挡板靠近物业侧设置1道；2号连通接口防火卷帘靠近地铁侧设置1道，靠近物业侧设置1道，防盗卷帘在2道防火卷帘之间设置1道，防淹挡板靠近地铁侧设置1道，靠近物业侧设置1道；3号连通接口防火卷帘靠近物业侧设置1道，防盗卷帘靠近物业侧设置1道，防淹挡板靠近地铁侧设置1道，靠近物业侧设置1道；4号连通接口防火卷帘靠近物业侧设置1道，防盗卷帘靠近物业侧设置1道，防淹挡板靠近地铁侧设置1道。

（3）设置顺序

从地铁站厅进入物业方向，1号连通接口依次设置防盗卷帘、防火卷帘、防淹挡板、防盗卷帘；2号连通接口依次设置防淹挡板、防火卷帘、防盗卷帘、防火卷帘、防淹挡板；3号连通接口依次设置防淹挡板、防盗卷帘、防火卷帘、防淹挡板；4号连通接口依次设置防淹挡板、防火卷帘、防盗卷帘。

2.5.5 车站小结

（1）珠江新城站共有6个出入口，4个连通接口；4个连通接口均通过连接通道连通商业，属于连通商业类型。

（2）4个连通接口均为地铁附属连接商业类型，其中1、2号连通接口通过连接通道连通商业，且地铁站厅与物业非同层连接，以台阶解决高差；3、4号直接连通商业，且地铁站厅与物业同层连接，连通接口以台阶与坡道解决高差。

（3）珠江新城站连通接口通常设置3种常规附属设施，包括：防盗卷帘、防火卷帘及防淹挡板，但车站与同一性质空间连通接口的附属设施设置数量、位置、顺序并未统一。

1号连通接口设置1道防火卷帘，2道防盗卷帘，1道防淹挡板；2号连通接口设置2道防火卷帘，1道防盗卷帘，2道防淹挡板；3号连通接口设置1道防火卷帘，1道防盗卷帘，2道防淹挡板；4号连通接口设置1道防火卷帘，1道防盗卷帘，1道防淹挡板。

1号连通接口靠近物业侧设置防盗卷帘与防淹挡板，靠近地铁侧设置防盗卷帘与防火卷帘；2号连通接口靠近物业侧与地铁侧设置防淹挡板和防火卷帘，在2道防火卷帘之间设置防盗卷帘；3号连通接口靠近物业侧设置防火卷帘和防淹挡板，靠近地铁侧设置防盗卷帘和防淹挡板；4号连通接口靠近物业侧设置防火卷帘和防盗卷帘，靠近地铁侧设置防淹挡板。

4个连通接口附属设施设置顺序各不相同，具体顺序见表2.5-6。

珠江新城站连通接口附属设施设置顺序汇总表　　表2.5-6

	设置顺序（从地铁站厅进入物业方向）
1号连通接口	防盗卷帘→防火卷帘→防淹挡板→防盗卷帘
2号连通接口	防淹挡板→防火卷帘→防盗卷帘→防火卷帘→防淹挡板
3号连通接口	防淹挡板→防盗卷帘→防火卷帘→防淹挡板
4号连通接口	防淹挡板→防火卷帘→防盗卷帘

南村万博站

2.6 南村万博站

2.6.1 车站概述

南村万博站为广州地铁7号线与18号线的换乘站，位于广东省广州市番禺区汉溪大道与番禺大道的交叉口（图2.6-1和图2.6-2）。车站共有7个出入口，2个连通接口，均连通番禺天河城商业广场，均属于连通商业类型。

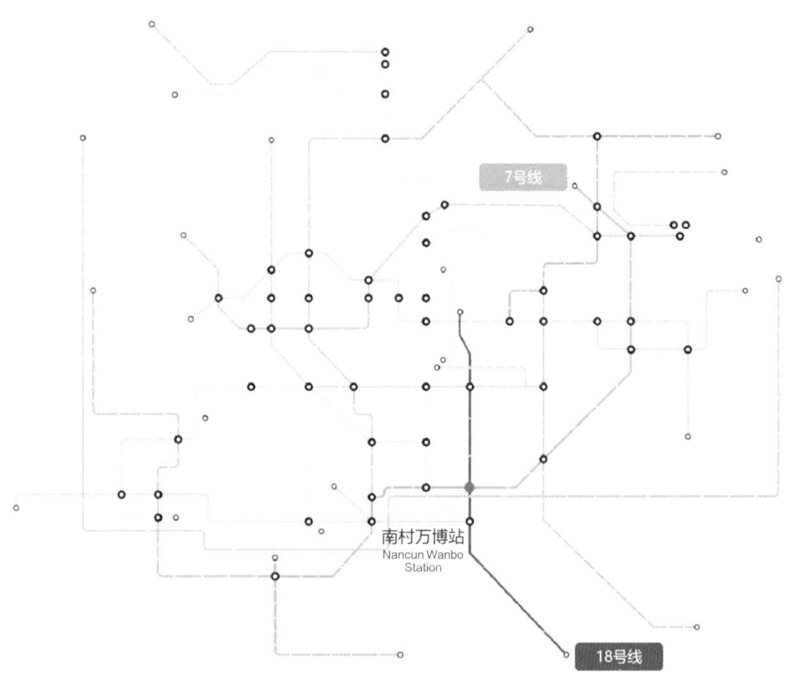

图2.6-1
南村万博站在线网中的位置

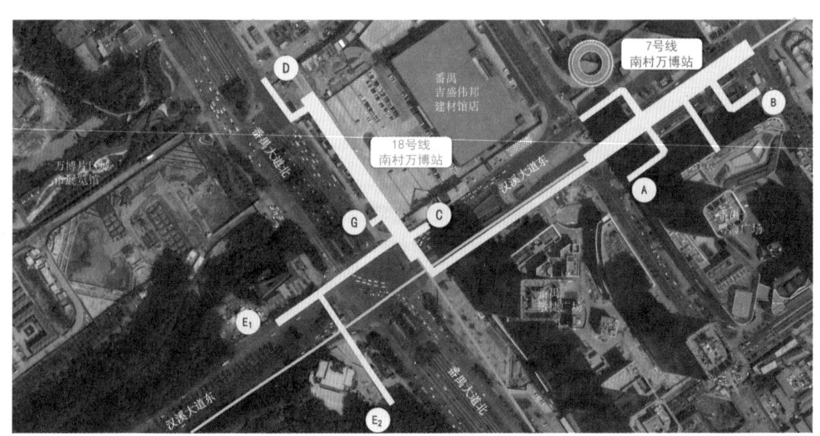

图2.6-2
南村万博站地理位置

2.6.2 车站定位及环境

南村万博站位于番禺区汉溪大道与番禺大道的交叉口，为L形换乘车站。周边邻近番禺天河城（图2.6-3）、番禺敏捷广场（图2.6-4）、万达广场、吉盛维邦国际家居博览中心（图2.6-5）、越秀万博和樾府、锦绣香江与长隆旅游度假区（图2.6-6），周边用地规划主要为商业和住宅。

南村万博站位于万博商务区中，地处粤港澳大湾区轴心位置，位于广州“南拓”轴与珠三角东西岸融合带交汇处，总建筑面积548万m^2，地下建筑总面积约180万m^2。

万博商务区紧靠广州CBD，连接南沙自贸区，贯穿华南快速、南沙港快速、新光快速等关键交通枢纽，构筑粤港澳大湾区“一小时黄金都市圈”。其被定位为华南板块家门口的CBD，是广州市重点建设项目，也是番禺区政府全力打造的科技地产和商业招商平台。

车站设有7个地面出入口（图2.6-7），其中：A、B出入口均位于汉溪大道东，均可通往番禺天河城（图2.6-8、图2.6-9）；C出入口位于汉溪大道东，可通往万博商务区（图2.6-10）；D出入口位于番禺大道北，可通往吉盛维邦国际馆、万博中心（图2.6-11）；E_1出入口位于汉溪大道东，可通往越秀万博和樾府（图2.6-12）；E_2出入口位于番禺大道北，可通往锦绣香江住宅区（图2.6-13）；G出入口位于番禺大道北，可通往万博商务区（图2.6-14）。

图2.6-3　番禺天河城

图2.6-4　番禺敏捷广场

图2.6-5　吉盛维邦国际家居博览中心

图2.6-6　广州长隆旅游度假区

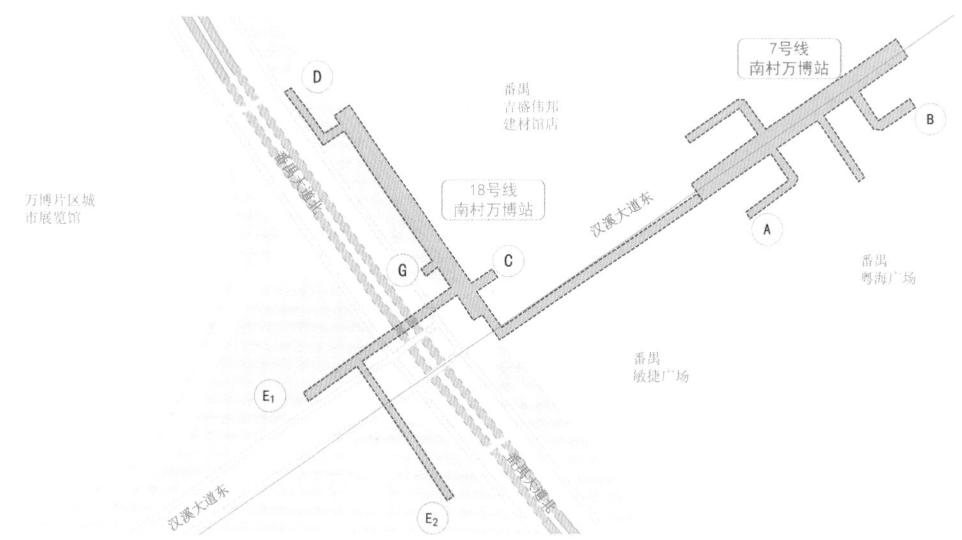

图2.6-7 南村万博站出入口示意图

图2.6-8 A出入口

图2.6-9 B出入口

图2.6-10 C出入口

图2.6-11 D出入口

图2.6-12　E_1出入口

图2.6-13　E_2出入口

图2.6-14　G出入口

2.6.3　车站连通接口

南村万博站连通接口均设置在地铁站厅一侧，分别靠近A、B出入口（图2.6-15），该连通接口标识仅标注可通往番禺天河城，为方便介绍，本书分别命名其为1号连通接口、2号连通接口（按从上到下、从左到右的原则对站厅平面图中的连通接口进行命名）。

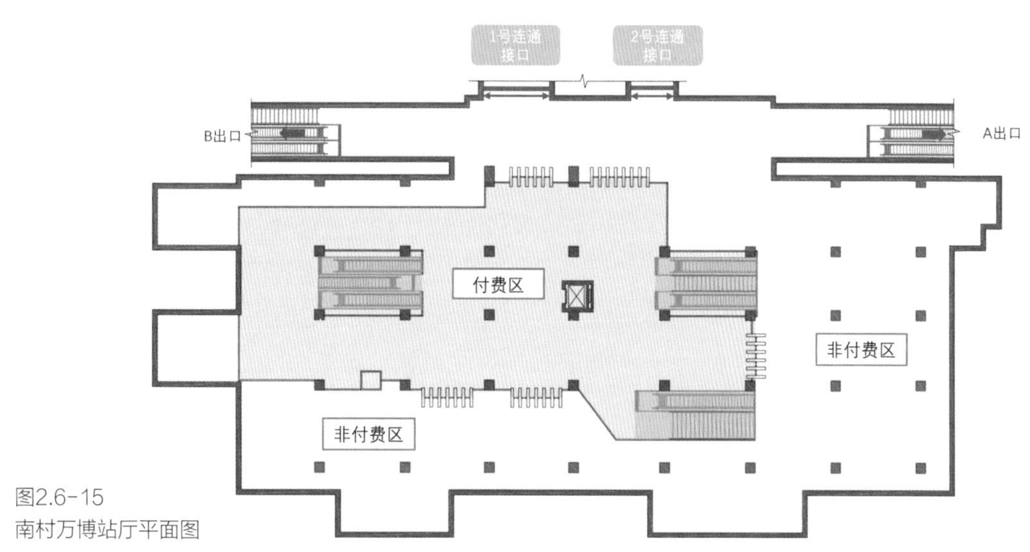

图2.6-15
南村万博站厅平面图

图2.6-16　1号连通接口

图2.6-17　2号连通接口

本站连通接口的基本情况为：1、2号连通接口均连通番禺天河城，均属于连通商业类型（图2.6-16、图2.6-17）。

本站两个连通接口均位于地铁主体范围，连通接口具体情况见表2.6-1、表2.6-2。

（1）1号连通接口

1号连通接口信息汇总表　　　　表2.6-1

接口属性	连通位置	地铁主体
	连接物业	番禺天河城（商业）
	连接空间形态	地下空间
高差关系	连接形式	非同层连接
	处理形式	台阶与电扶梯
连通接口尺寸	开口宽度（m）	5
	通道长度（m）	0
连通接口附加功能	无	

（2）2号连通接口

2号连通接口信息汇总表　　表2.6-2

接口属性	连通位置	地铁主体
	连接物业	番禺天河城（商业）
	连接空间形态	地下空间
高差关系	连接形式	非同层连接
	处理形式	台阶与电扶梯
连通接口尺寸	开口宽度（m）	4
	通道长度（m）	0
连通接口附加功能	无	

2.6.4 连通接口附属设施

南村万博站共2个连通接口，连通接口均设置3种常规附属设施，包括防火卷帘、防盗卷帘、防淹挡板（表2.6-3）。

南村万博站连通接口附属设施设置情况汇总表　　表2.6-3

连通接口	防火卷帘	防盗卷帘	防淹挡板	设置顺序
1号连通接口	2	2	1	地铁→防盗卷帘→防淹挡板→防火卷帘→防火卷帘→防盗卷帘→物业
2号连通接口	2	2	1	地铁→防盗卷帘→防淹挡板→防火卷帘→防火卷帘→防盗卷帘→物业

1. 本站连通接口常规附属设施的设置情况

1、2号连通接口设置了3种常规附属设施，共5道，分别为：防火卷帘2道、防盗卷帘2道及防淹挡板1道（图2.6-18、图2.6-19）。

具体设置位置为：防火卷帘靠近地铁侧设置1道，靠近物业侧设置1道；防盗卷帘靠

图2.6-18　1号连通接口侧面正视图

图2.6-19　2号连通接口侧面正视图

近地铁侧设置1道，靠近物业侧设置1道；防淹挡板靠近地铁侧设置1道。

综上，南村万博站连通接口通常设置3种常规附属设施，包括：防盗卷帘、防火卷帘及防淹挡板。

2. 本站连通接口常规附属设施归纳

（1）设置数量

1、2号连通接口设置2道防火卷帘、2道防盗卷帘及1道防淹挡板。

（2）设置位置

1、2号连通接口防火卷帘靠近地铁侧设置1道、靠近物业侧设置1道，防盗卷帘靠近地铁侧设置1道、靠近物业侧设置1道，防淹挡板靠近地铁侧设置1道。

（3）设置顺序

从地铁站厅进入物业方向，1、2号连通接口依次设置防盗卷帘、防淹挡板、防火卷帘、防火卷帘、防盗卷帘。

2.6.5　车站小结

（1）南村万博站共有7个地面出入口，2个连通接口；2个连通接口均通过连接通道连通商业，属于连通商业类型。

（2）2个连通接口均为地铁主体连接商业类型，1、2号连通接口均通过连接通道连通商业，且地铁站厅与物业非同层连接，2个连通接口均以台阶与电扶梯解决高差。

（3）南村万博站连通接口通常设置3种常规附属设施，包括：防盗卷帘、防火卷帘及防淹挡板。

1、2号连通接口设置2道防火卷帘，2道防盗卷帘及1道防淹挡板。

1、2号连通接口靠近地铁与物业侧设置防火卷帘与防盗卷帘，靠近地铁侧设置防淹挡板。

2个连通接口附属设施设置顺序相同，具体顺序见表2.6-4。

南村万博站连通接口附属设施设置顺序汇总表　　表2.6-4

	设置顺序（从地铁站厅进入物业方向）
1号连通接口	防盗卷帘→防淹挡板→防火卷帘→防火卷帘→防盗卷帘
2号连通接口	防盗卷帘→防淹挡板→防火卷帘→防火卷帘→防盗卷帘

体育中心站
IFC
天河城

2.7 体育中心站

2.7.1 车站概述

广州地铁1号线体育中心站位于广州市天河区，位于天河路与体育东路交叉口北侧（图2.7-1、图2.7-2）。车站共有5个出入口，1个连通接口，连通时尚天河商业广场和正佳广场，属于连通商业类型。

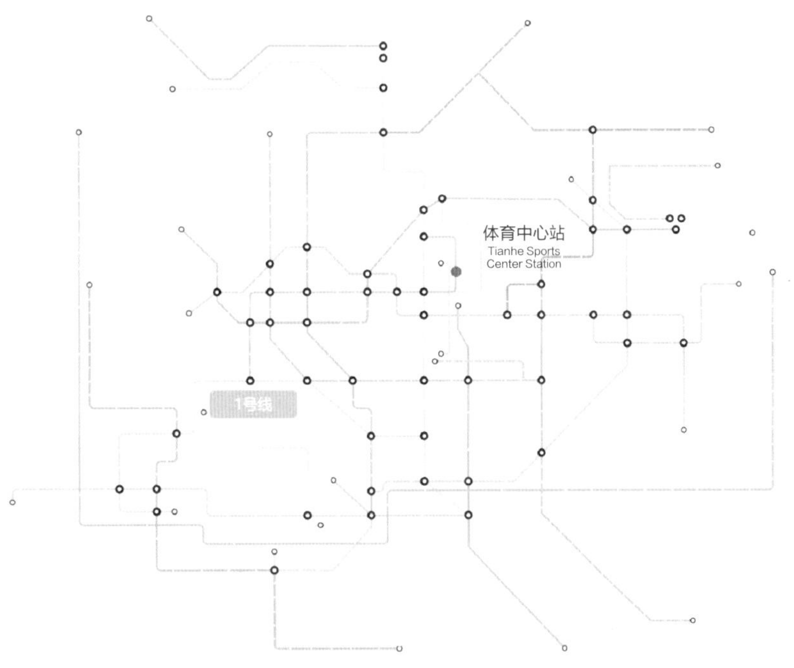

图2.7-1
体育中心站在线网中的位置

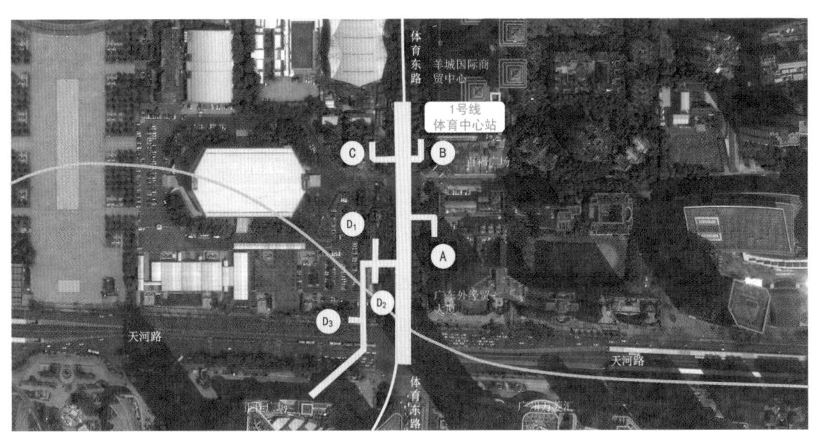

图2.7-2
体育中心站地理位置

2.7.2 车站定位及环境

体育中心站位于天河区天河路与体育东路交叉口北侧。周边邻近万菱汇国际中心、正佳广场，广州天河体育中心、广东外经贸大厦、广州电信大厦及羊城国际商贸中心。周边用地规划主要为商业。

体育中心站西侧是天河体育中心（图2.7-3），天河体育中心是广州最大的体育场地，是广州的体育名片。有别于功能单一的体育场馆，它在全国开创了同时建成体育场、体育馆、游泳馆三大场馆的先河。体育场位于正中央，体育馆与游泳馆分别位于左右两侧，形成一个“品”字形。

车站附近还有许多的重要商业广场，包括时尚天河商业广场（图2.7-4）、正佳广场（图2.7-5）、越秀财富广场（图2.7-6）、万菱汇、太古汇等。

车站设有5个地面出入口（图2.7-7），其中：A出入口位于体育东路，可通往广东外经贸大厦（图2.7-8）；B出入口位于体育东路，可通往百福广场（图2.7-9）；C出入口位于体育东路，可通往体育中心（图2.7-10）；D_1、D_2出入口位于体育东路，可通往时尚天河商业广场、体育中心（图2.7-11、图2.7-12）。

图2.7-3 天河体育中心

图2.7-4 时尚天河商业广场

图2.7-5 正佳广场

图2.7-6 越秀财富广场

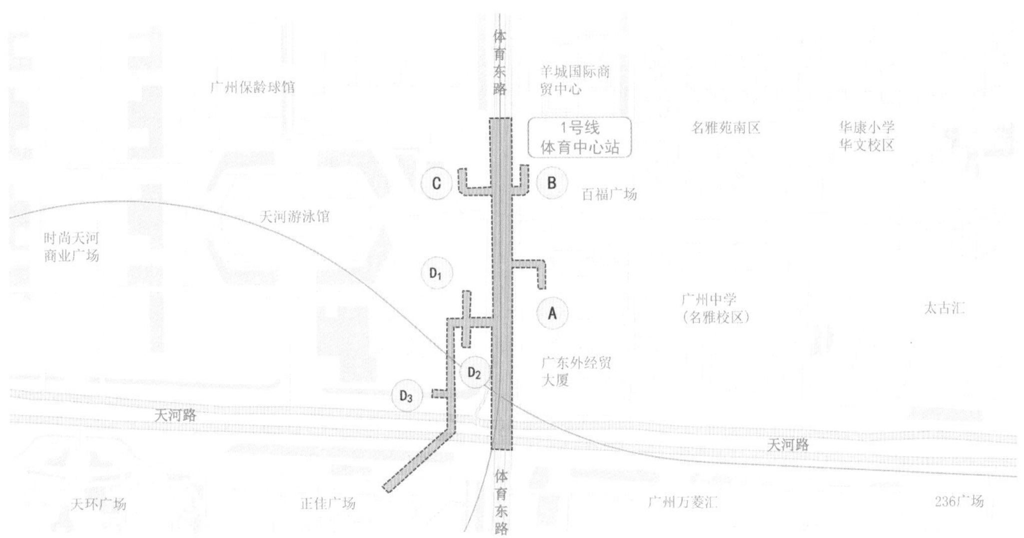

图2.7-7　体育中心站出入口示意图

图2.7-8　A出入口

图2.7-9　B出入口

图2.7-10　C出入口

图2.7-11　D_1出入口

2.7.3 车站连通接口

图2.7-12 D_2出入口

本站连通接口的基本情况为：D_3号连通接口连通时尚天河商业广场、正佳广场，属于连通商业类型（图2.7-13~图2.7-19）。

通过D_3号连通接口可到达时尚天河广场，沿连接通道行至半程，可见时尚天河广场入口；继续沿连接通道直行，穿过地下商业空间可抵达正佳广场M层。

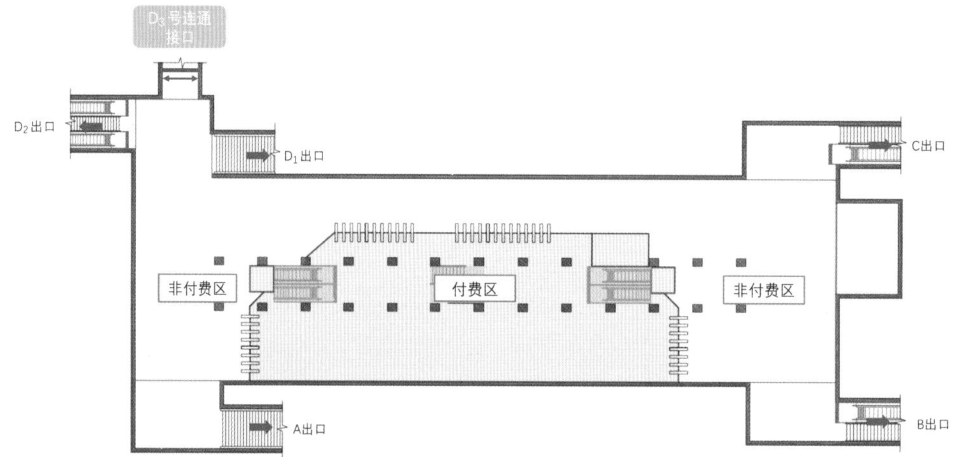

图2.7-13 体育中心站厅平面图

图2.7-14 D_3号连通接口

图2.7-15 时尚天河商业广场入口1

D_3号连通接口的连接通道较长，宽度为5.5m，无设置商铺，但时有一些地摊商业摆卖。由于缺乏相应的空调、通风、消防等设备，整体通道空间比较闷热，过往人流往往匆匆而过，不作停留。

D_3号连通接口位于连接地铁主体范围。连通接口具体情况见表2.7-1。

图2.7-16　时尚天河商业广场入口2

图2.7-17　连接通道

图2.7-18　地下商业空间

图2.7-19　通往正佳广场M层

D$_3$号连通接口信息汇总表　　表2.7-1

接口属性	连通位置	地铁出入口通道
	连接物业	时尚天河商业广场（商业）、正佳广场（商业）
	连接空间形态	地下空间
高差关系	连接形式	同层连接
	处理形式	台阶与电扶梯
连通接口尺寸	开口宽度（m）	4
	通道长度（m）	2
连通接口附加功能	无	

2.7.4 连通接口附属设施

体育中心站共1个连通接口，连通接口均设置3种常规附属设施，包括防火卷帘、防盗卷帘、防淹挡板（表2.7-2）。

体育中心站连通接口附属设施设置情况汇总表 表2.7-2

	防火卷帘	防盗卷帘	防淹挡板	设置顺序
D_3号连通接口	1	1	2	地铁→防淹挡板→防火卷帘→防盗卷帘→防淹挡板→物业

1. 本站连通接口常规附属设施的设置情况

D_3号连通接口设置了3种常规附属设施，共4道，分别为：防火卷帘1道、防盗卷帘1道及防淹挡板2道（图2.7-20、图2.7-21）。

图2.7-20 D_3号连通接口正视图

图2.7-21 D_3号连通接口侧视图

具体设置位置为：防火卷帘靠近地铁侧设置1道；防盗卷帘靠近物业侧设置1道；防淹挡板靠近地铁侧设置1道，靠近物业侧设置1道。

综上，体育中心站连通接口通常设置3种常规附属设施，包括：防盗卷帘、防火卷帘及防淹挡板。

2. 本站连通接口常规附属设施归纳

（1）设置数量

D_3号连通接口设置1道防火卷帘、1道防盗卷帘及2道防淹挡板。

（2）设置位置

D_3号连通接口防火卷帘靠近地铁侧设置1道，防盗卷帘靠近物业侧设置1道，防淹挡板靠近地铁侧设置1道，靠近物业侧设置1道。

（3）设置顺序

从地铁站厅进入物业方向，D_3号连通接口依次设置防淹挡板、防火卷帘、防盗卷帘、防淹挡板。

2.7.5 车站小结

（1）体育中心站共有5个地面出入口，1个连通接口；连通接口通过连接通道连通商业，属于连通商业类型。

（2）D_3号连通接口为连接地铁附属连接商业类型，通过连接通道连通商业，且地铁站厅与物业同层连接，以台阶与电扶梯解决高差。

（3）体育中心站连通接口通常设置3种常规附属设施，包括：防盗卷帘、防火卷帘及防淹挡板。

D_3号连通接口设置1道防火卷帘、1道防盗卷帘及2道防淹挡板。

D_3号连通接口靠近地铁侧设置防火卷帘、防淹挡板；靠近物业侧设置防盗卷帘、防淹挡板。

D_3号连通接口附属设施设置顺序见表2.7-3。

体育中心站连通接口附属设施设置顺序汇总表　　表2.7-3

	设置顺序（从地铁站厅进入物业方向）
D_3号连通接口	防淹挡板→防火卷帘→防盗卷帘→防淹挡板

石牌桥站

2.8 石牌桥站

2.8.1 车站概述

广州地铁3号线石牌桥站位于广州市天河区天河路与天河东路的交界口（图2.8-1、图2.8-2）。车站共有4个出入口，4个连通接口，分别连通万菱汇、太古汇、丰兴广场，均属于连通商业类型。

图2.8-1
石牌桥站在线网中的位置

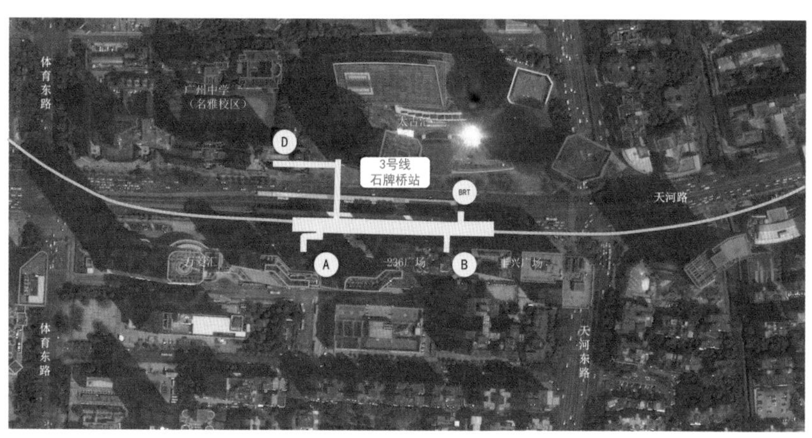

图2.8-2
石牌桥站地理位置

2.8.2 车站定位及环境

石牌桥站位于天河区天河路与天河东路的交界口，车站南侧邻近万菱汇与丰兴广场（图2.8-3），北侧邻近太古汇（图2.8-4）。周边用地规划主要为商业。

石牌桥是一个“矛盾却又包容”的地方，一方面多家世界百强企业驻扎、广州各类商业广场聚集，一方面存在生活气息浓厚的街道小区、谈笑风生的妇孺。在人口聚集的地方，交通已然成为最大的问题，广州3号线被戏称为地狱3号线，而石牌桥作为广州CBD集中地，每日客流量巨大，人群流向复杂。为减缓交通压力的同时缩短来往购物的人群步行至商场的时间，石牌桥站多个出入口可通往太古汇、万菱汇（图2.8-5）、丰兴广场均与汇丰银行（图2.8-6）等多个商业建筑。

车站设有4个出入口（图2.8-7），其中：A出入口位于天河路西侧，可通往万菱汇（图2.8-8）；B出入口位于天河路东侧，可通往丰兴广场（图2.8-9）；D出入口位于体育东路，可通往太古汇（图2.8-10）；BRT出入口直接通往GBRT石牌桥站与太古汇地下二层（图2.8-11）。

图2.8-3 丰兴广场

图2.8-4 太古汇

图2.8-5 万菱汇

图2.8-6 汇丰银行

2.8.3 车站连通接口

石牌桥站连通接口分别设置在A、B、D、BRT出入口连接地面的通道中（图2.8-12），该连通接口标识仅标注可分别通往万菱汇、兴丰广场、太古汇，为方便介绍，本书分别命

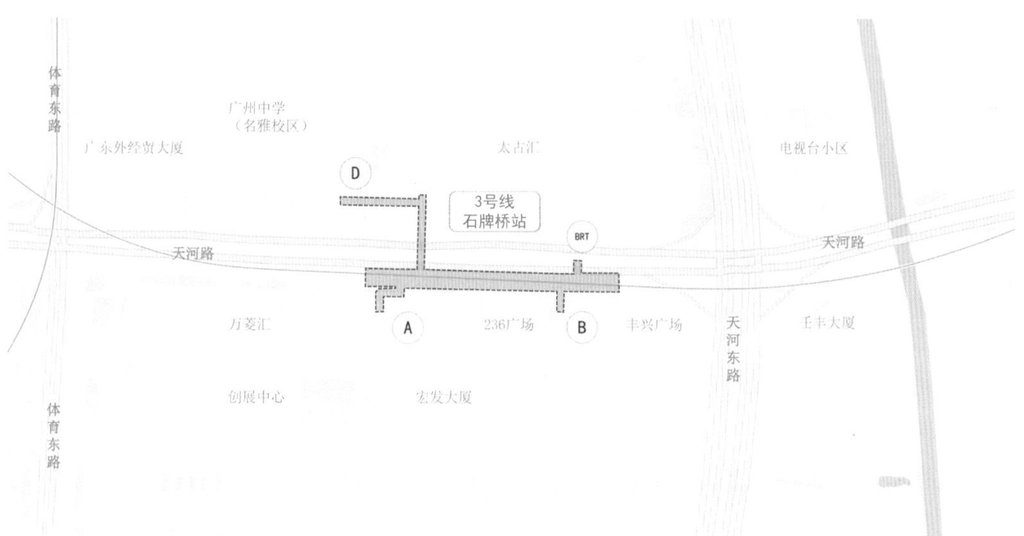

图2.8-7 石牌桥站出入口示意图

图2.8-8 A出入口

图2.8-9 B出入口

图2.8-10 D出入口

图2.8-11 BRT出入口

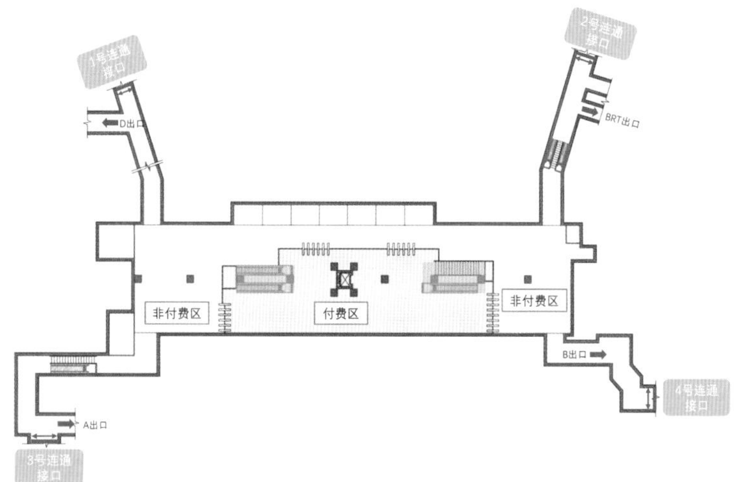

图2.8-12
石牌桥站厅平面图

名其为站1号连通接口、2号连通接口、3号连通接口、4号连通接口（按从上到下、从左到右的原则对站厅平面图中的连通接口进行命名）。

本站连通接口的基本情况为：1号连通接口、2号连通接口连通太古汇，3号连通接口连通万菱汇，4号连通接口连通兴丰广场，均属于连通商业类型（图2.8-13～图2.8-16）。

本站4个连通接口均位于地铁附属范围，连通接口具体情况见表2.8-1～表2.8-4。

图2.8-13　1号连通接口

图2.8-14　2号连通接口

图2.8-15　3号连通接口

图2.8-16　4号连通接口

（1）1号连通接口

1号连通接口信息汇总表　　表2.8-1

接口属性	连通位置	地铁出入口通道	
	连接物业	太古汇（商业）	
	连接空间形态	地下空间	
高差关系	连接形式	同层连接	
	处理形式	台阶	
连通接口尺寸	开口宽度（m）	8	
	通道长度（m）	2	
连通接口附加功能	无		

（2）2号连通接口

2号连通接口信息汇总表　　表2.8-2

接口属性	连通位置	地铁出入口通道	
	连接物业	太古汇（商业）	
	连接空间形态	地下空间	
高差关系	连接形式	同层连接	
	处理形式	台阶	
连通接口尺寸	开口宽度（m）	4.2	
	通道长度（m）	≥10	
连通接口附加功能	无		

（3）3号连通接口

3号连通接口信息汇总表　　表2.8-3

接口属性	连通位置	地铁出入口通道	
	连接物业	万菱汇（商业）	
	连接空间形态	地下空间	
高差关系	连接形式	非同层连接	
	处理形式	台阶	
连通接口尺寸	开口宽度（m）	7	
	通道长度（m）	5.6	

（4）4号连通接口

4号连通接口信息汇总表　　表2.8-4

接口属性	连通位置	地铁出入口通道	
	连接物业	兴丰广场（商业）	
	连接空间形态	半室外空间	
高差关系	连接形式	非同层连接	
	处理形式	台阶	
连通接口尺寸	开口宽度（m）	4.8	
	通道长度（m）	1	

2.8.4 连通接口附属设施

珠江新城站共4个连通接口，连通接口一般设置3种常规附属设施，包括防火卷帘、防盗卷帘、防淹挡板（表2.8-5）。

石牌桥站连通接口附属设施设置情况汇总表　　表2.8-5

	防火卷帘	防盗卷帘	防淹挡板	设置顺序
1号连通接口	1	1	1	地铁→防淹挡板→防盗卷帘→防火卷帘→物业
2号连通接口	1	2	1	地铁→防淹挡板→防盗卷帘→防火卷帘→防盗卷帘→物业
3号连通接口	2	2	1	地铁→防淹挡板→防盗卷帘→防火卷帘→防火卷帘→防盗卷帘→物业
4号连通接口	1	1	1	地铁→防淹挡板→防盗卷帘→防火卷帘→物业

1. 本站连通接口常规附属设施的设置情况

（1）1号连通接口

1号连通接口设置了3种常规附属设施，共3道，分别为：防火卷帘1道、防盗卷帘1道及防淹挡板1道（图2.8-17）。

具体设置位置为：防火卷帘靠近物业侧设置1道；防盗卷帘靠近物业侧设置1道；防淹挡板靠近地铁侧设置1道。

（2）2号连通接口

2号连通接口设置了3种常规附属设施，共4道，分别为：防火卷帘1道、防盗卷帘2道、1道防淹挡板（图2.8-18）。

具体设置位置为：防火卷帘靠近物业侧设置1道；防盗卷帘靠近地铁侧设置1道，靠近物业侧设置1道；防淹挡板靠近地铁侧设置1道。

（3）3号连通接口

3号连通接口设置了3种常规附属设施，共5道，分别为：防火卷帘2道、防盗卷帘2道及防淹挡板1道（图2.8-19）。

具体设置位置为：防火卷帘靠近地铁侧设置1道，靠近物业侧设置1道；防盗卷帘靠近物业侧设置1道，靠近地铁侧设置1道；防淹挡板靠近地铁侧设置1道。

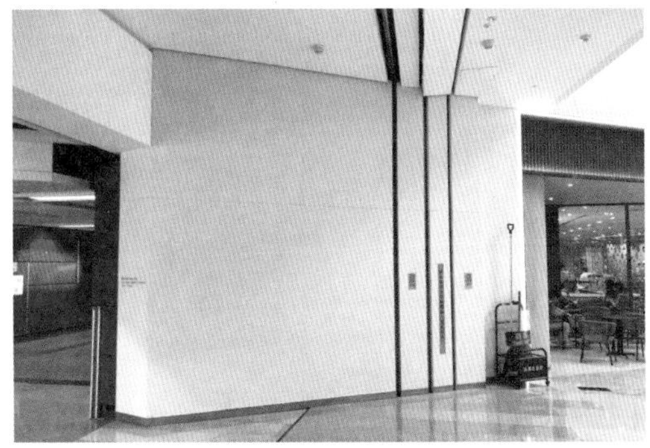
图2.8-17　1号连通接口侧面正视图

图2.8-18　2号连通接口侧面正视图

图2.8-19　3号连通接口侧面正视图

图2.8-20　4号连通接口侧面正视图

（4）4号连通接口

4号连通接口设置了3种常规附属设施，共3道，分别为：防火卷帘1道、防盗卷帘1道、防淹挡板1道（图2.8-20）。

具体设置位置为：防火卷帘靠近物业侧设置1道；防盗卷帘靠近物业侧设置1道；防淹挡板靠近地铁侧设置1道。

综上，石牌桥站连通接口一般设置3种常规附属设施，包括：防盗卷帘、防火卷帘及防淹挡板，但车站与同一性质空间连通接口的附属设施设置数量、位置、顺序并未统一。

2. 本站连通接口常规附属设施归纳

（1）设置数量

1号连通接口设置1道防火卷帘、1道防盗卷帘及1道防淹挡板；2号连通接口设置1道防火卷帘、2道防盗卷帘、1道防淹挡板；3号连通接口设置2道防火卷帘、2道防盗卷帘及1道防淹挡板；4号连通接口设置1道防火卷帘、1道防盗卷帘，1道防淹挡板。

（2）设置位置

1号连通接口防火卷帘靠近物业侧设置1道，防盗卷帘靠近物业侧设置1道，防淹挡板靠近地铁侧设置1道；2号连通接口防火卷帘靠近物业侧设置1道，防盗卷帘靠近地铁侧设置1道，靠近物业侧设置1道，防淹挡板靠近地铁侧设置1道；3号连通接口防火卷帘靠近地铁侧设置1道，靠近物业侧设置1道，防盗卷帘靠近物业侧设置1道，靠近地铁侧设置1道，防淹挡板靠近地铁侧设置1道；4号连通接口防火卷帘靠近物业侧设置1道，防盗卷帘靠近物业侧设置1道，防淹挡板靠近地铁侧设置1道。

（3）设置顺序

从地铁站厅进入物业方向，1号连通接口依次设置防淹挡板、防盗卷帘、防火卷帘；2号连通接口依次设置防淹挡板、防盗卷帘、防火卷帘、防盗卷帘；3号连通接口依次设置防淹挡板、防盗卷帘、防火卷帘、防火卷帘、防盗卷帘；4号连通接口依次设置防淹挡板、防盗卷帘、防火卷帘。

2.8.5 车站小结

（1）石牌桥站共有4个出入口，4个连通接口；4个连通接口均通过连接通道连通商业，属于连通商业类型。

（2）4个连通接口均为地铁附属连接商业类型，4个连通接口通过连接通道连通商业，其中1、2号连通接口地铁站厅与物业同层连接，3、4号连通接口地铁站厅与商业非同层连接，均以台阶解决高差。

（3）石牌桥站连通接口一般设置3种常规附属设施，包括：防盗卷帘、防火卷帘及防淹挡板，但车站与同一性质空间连通接口的附属设施设置数量、位置、顺序并未统一。

1号连通接口设置1道防火卷帘、1道防盗卷帘及1道防淹挡板；2号连通接口设置1道防火卷帘、2道防盗卷帘及1道防淹挡板；3号连通接口设置2道防火卷帘、2道防盗卷帘及1道防淹挡板；4号连通接口设置1道防火卷帘、1道防盗卷帘及1道防淹挡板。

1号连通接口靠近物业侧设置防火卷帘、防盗卷帘，靠近地铁侧设置防淹挡板；2号连通接口靠近地铁侧设置防淹挡板、防火卷帘，靠近物业侧设置防火卷帘、防盗卷帘；3号连通接口靠近物业侧设置防火卷帘、防盗卷帘，靠近地铁侧设置防火卷帘、防盗卷帘及防淹挡板；4号连通接口靠近地铁侧设置防淹挡板、防盗卷帘，靠近物业侧设置防火卷帘。

4个连通接口附属设施设置顺序各不相同，具体顺序见表2.8-6。

石牌桥站连通接口附属设施设置顺序汇总表　　表2.8-6

	设置顺序（从地铁站厅进入物业方向）
1号连通接口	防淹挡板→防火卷帘→防盗卷帘
2号连通接口	防淹挡板→防盗卷帘→防火卷帘→防盗卷帘
3号连通接口	防淹挡板→防盗卷帘→防火卷帘→防火卷帘→防盗卷帘
4号连通接口	防淹挡板→防盗卷帘→防火卷帘

体育西路站

2.9 体育西路站

2.9.1 车站概述

体育西路站为广州地铁1号线和3号线的换乘站，同时也为广州地铁3号线北延段的起始站，位于广州市天河区体育西路和天河南一路交叉口。车站共有7个出入口，2个连通接口，分别连通天河又一城与天河城，均属于连通商业类型（图2.9-1、图2.9-2）。

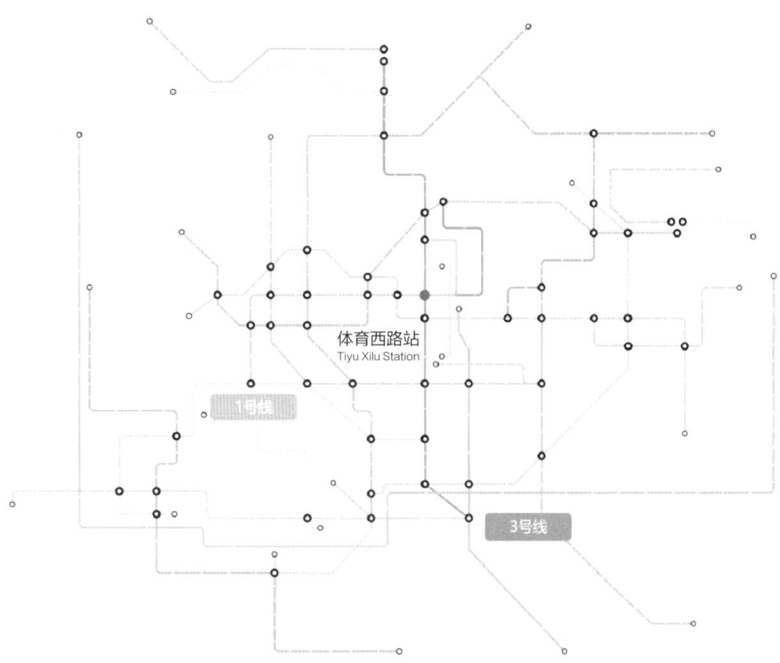

图2.9-1
体育西路站在线网中的位置

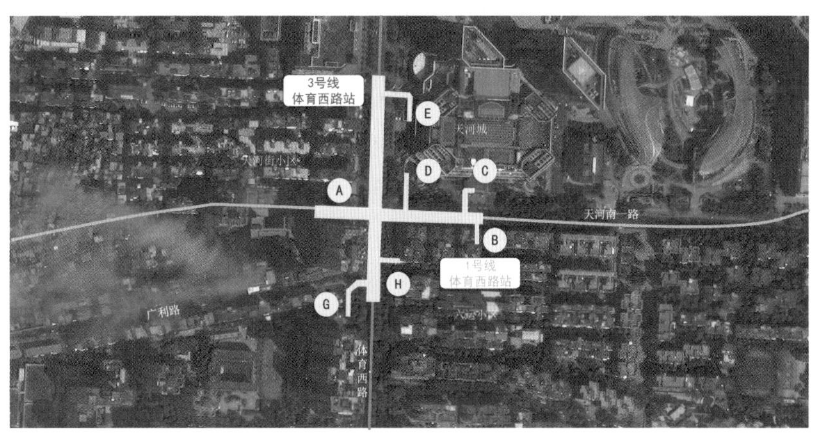

图2.9-2
体育西路站地理位置

2.9.2 车站定位及环境

体育西路站位于天河区体育西路和天河南一路交叉口。车站南侧是六运小区，西北侧是天河街小区，北侧是天河城。周边用地规划主要为商业和住宅。

体育西路是广州市天河区的主要干道之一，车流量极大，因位于天河体育中心西侧而得名。其与天河路构成了广州著名的天河城商圈，除了附近林立的大型写字楼，还有广百百货、天河城、维多利广场等大型商场（图2.9-3～图2.9-6），是与上下九步行街及北京路齐名的消费集中地。

体育西路呈南北走向，南起黄埔大道西，北至天河北路，全长1600m，宽44m，双向6车道。1987年建成，地处天河的商业繁华地段，天河城、维多利广场以及天河体育中心等分布在道路两侧，地下建有大型人防工程。

车站设有7个出入口，其中：A、D、G、H出入口位于体育西路，可通往广百百货天河店、天河城、维多利广场、体育西路小区等；B、C出入口位于天河南一路，可通往天环广场、天河城等商区，也可出站换乘广州地铁APM线天河南站；E出入口位于天河又一城内，可通往时尚天河与正佳广场等商业广场（图2.9-7～图2.9-13）。

A出入口结合建筑建设，B、D出入口独立建筑建设，G、H出入口结合地面建设（图2.9-14），C出入口直接通往天河城，E出入口直接通往天河又一城。

图2.9-3 维多利广场

图2.9-4 天河城

图2.9-5 天河又一城

图2.9-6 广百百货

图2.9-7　体育西路站出入口示意图

图2.9-8　A出入口

图2.9-9　B出入口

图2.9-10　C出入口

图2.9-11　D出入口

图2.9-12　E出入口

图2.9-13　G出入口

图2.9-14　H出入口

2.9.3　车站连通接口

体育西路站连通接口分别设置在C、E出入口连通地面的通道中（图2.9-15），该连通接口标识仅标注可分别通往天河城与天河又一城，为方便介绍，本书分别命名其为站1号连通接口、2号连通接口（按从上到下、从左到右的原则对站厅平面图中的连通接口进行命名）。

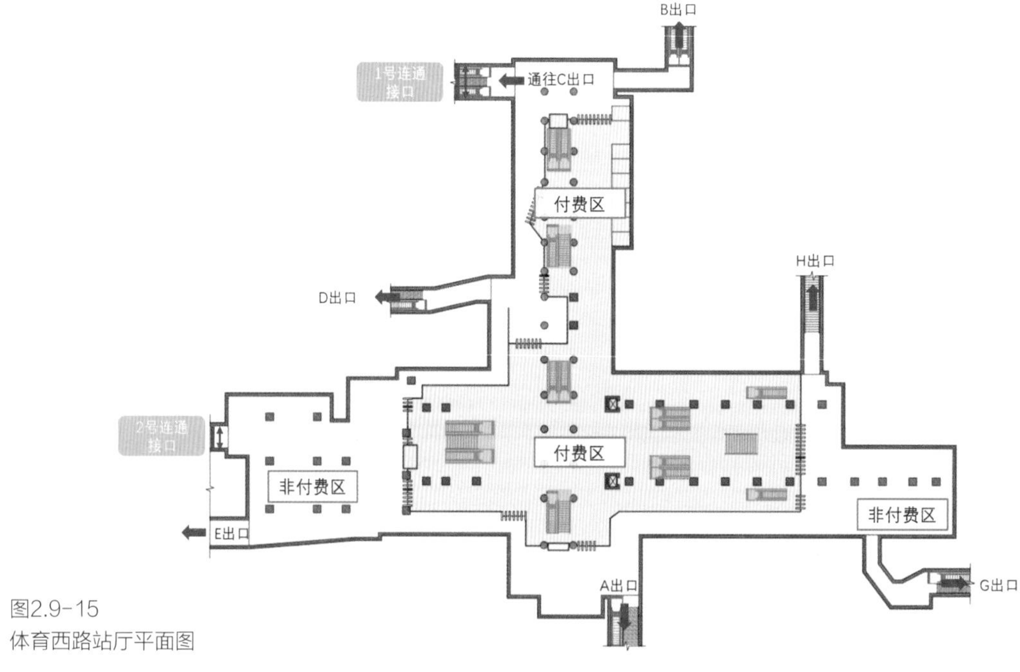

图2.9-15
体育西路站厅平面图

图2.9-16　1号连通接口

图2.9-17　2号连通接口

本站连通接口的基本情况为：1号连通接口连通天河城，2号连通接口连通天河又一城，均属于连通商业类型（图2.9-16、图2.9-17）。

本站2个连通接口，1个位于地铁附属范围，1个位于地铁主体范围，连通接口具体情况见表2.9-1、表2.9-2。

（1）1号连通接口

1号连通接口信息汇总表　　　　表2.9-1

接口属性	连通位置	地铁出入口通道
	连接物业	天河城（商业）
	连接空间形态	地下空间
高差关系	连接形式	非同层连接
	处理形式	台阶与电扶梯
连通接口尺寸	开口宽度（m）	8.5
	通道长度（m）	≥10
连通接口附加功能	通道内有地摊商业摆卖	

（2）2号连通接口

2号连通接口信息汇总表　　表2.9-2

接口属性	连通位置	地铁主体站厅
	连接物业	天河又一城（商业）
	连接空间形态	地下空间
高差关系	连接形式	同层连接
	处理形式	坡道
连通接口尺寸	开口宽度（m）	6
	通道长度（m）	2.5
连通接口附加功能	无	

2.9.4　连通接口附属设施

体育西路站共2个连通接口，连通接口一般设置3种常规附属设施，包括防火卷帘、防盗卷帘、防淹挡板（表2.9-3）。

体育西路站连通接口附属设施设置情况汇总表　　表2.9-3

	防火卷帘	防盗卷帘	防淹挡板	布置顺序
1号连通接口	1	1	1	地铁→防淹挡板→防盗卷帘→防火卷帘→物业
2号连通接口	1	1	2	地铁→防淹挡板→防火卷帘→防盗卷帘→防淹挡板→物业

1. 本站连通接口常规附属设施的设置情况

（1）1号连通接口

1号连通接口设置了3种常规附属设施，共3道，分别为：防火卷帘1道、防盗卷帘1道及防淹挡板1道（图2.9-18）。

具体设置位置为：防盗卷帘靠近地铁侧设置1道；防淹挡板靠近地铁侧设置1道；防火卷帘靠近物业侧设置1道。

图2.9-18　1号连通接口侧面正视图

图2.9-19　2号连通接口侧面正视图

（2）2号连通接口

2号连通接口设置了3种常规附属设施，共4道，分别为：防火卷帘1道、防盗卷帘1道及防淹挡板2道（图2.9-19）。

具体设置位置为：防盗卷帘靠近物业侧设置1道；防淹挡板靠近地铁侧设置1道，靠近物业侧设置1道；防火卷帘靠近地铁侧设置1道。

综上，体育西路站连通接口一般设置3种常规附属设施，包括：防盗卷帘、防火卷帘及防淹挡板，但车站与同一性质空间连通接口的附属设施设置数量、位置、顺序并未统一。

2. 本站连通接口常规附属设施归纳

（1）设置数量

1号连通接口设置1道防火卷帘、1道防盗卷帘及1道防淹挡板，2号连通接口设置1道防火卷帘、1道防盗卷帘及2道防淹挡板。

（2）设置位置

1号连通接口防火卷帘靠近物业侧设置1道；防盗卷帘靠近地铁侧设置1道；防淹挡板靠近地铁侧设置1道；2号连通接口防火卷帘靠近地铁侧设置1道；防盗卷帘靠近物业侧设置1道；防淹挡板靠近地铁侧设置1道，靠近物业侧设置1道。

（3）设置顺序

从地铁站厅进入物业方向，1号连通接口依次设置防淹挡板、防盗卷帘、防火卷帘；2号连通接口依次设置防淹挡板、防火卷帘、防盗卷帘、防淹挡板。

2.9.5　车站小结

（1）体育西路站共有7个出入口，2个连通接口；2个连通接口中：1个直接连通商业，1个通过连接通道连通商业，均属于连通商业类型。

（2）2个连通接口中：1号连通接口为地铁主体连接商业类型，通过连接通道连通地下商业空间，且地铁站厅与物业非同层连接，以台阶与电扶梯解决高差；2号连通接口为地铁主体连接商业类型，直接连通地下商业空间，且地铁站厅与物业同层连接，以坡道解决高差。

（3）体育西路站连通接口设置3种常规附属设施，包括：防盗卷帘、防火卷帘及防淹挡板，但车站与同一性质空间连通接口的附属设施设置数量、位置、顺序并未统一。

1号连通接口设置1道防火卷帘、1道防盗卷帘、1道防淹挡板；2号连通接口设置1道防火卷帘、1道防盗卷帘及2道防淹挡板。

1号连通接口靠近地铁侧设置防盗卷帘、防淹挡板，靠近物业侧设置防火卷帘；2号连通接口靠近物业侧设置防盗卷帘、防淹挡板，靠近地铁侧设置防淹挡板、防火卷帘。

2个连通接口附属设施设置顺序各不相同，具体顺序见表2.9-4。

体育西路站连通接口附属设施设置顺序汇总表 表2.9-4

设置顺序（从地铁站厅进入物业方向）	
1号连通接口	防淹挡板→防盗卷帘→防火卷帘
2号连通接口	防淹挡板→防火卷帘→防盗卷帘→防淹挡板

祖庙站

2.10 祖庙站

2.10.1　车站概述

广佛线祖庙站位于佛山市禅城区祖庙街道建新路与祖庙路交叉口东侧（图2.10-1、图2.10-2）。车站共有4个出入口，4个连通接口，其中1个连通接口连通百花广场、1个连通接口连通铂顿城、2个连通接口连通NOVA岭南站，均属于连通商业类型。

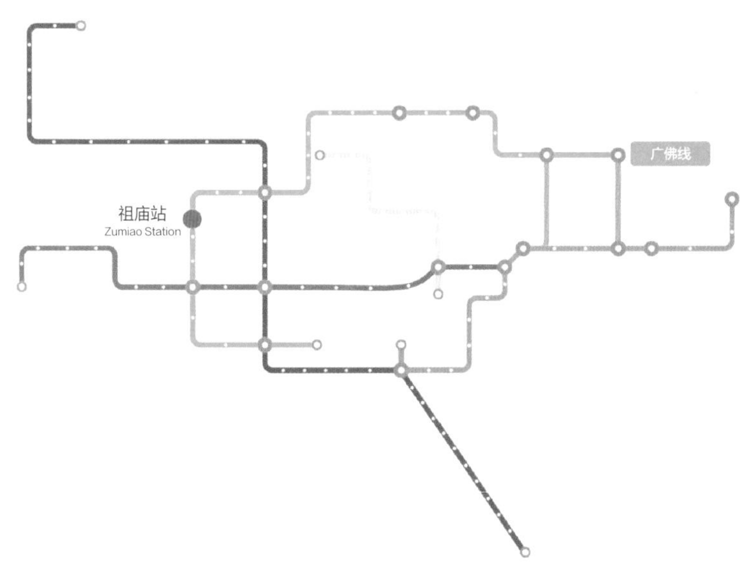

图2.10-1
祖庙站在线网中的位置

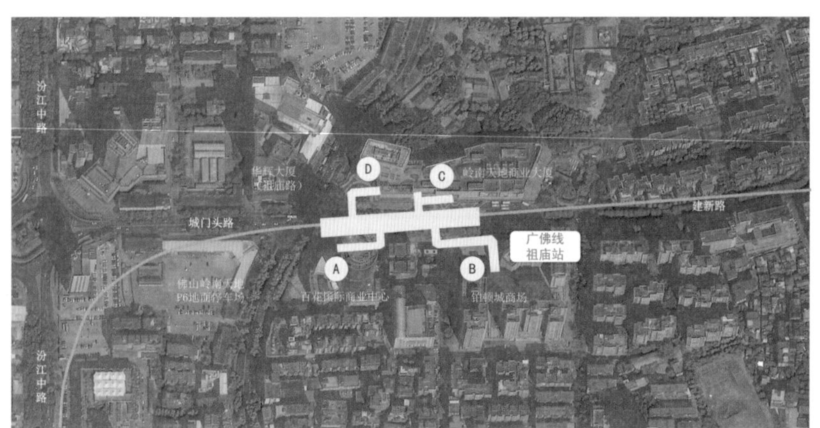

图2.10-2
祖庙站地理位置

2.10.2 车站定位及环境

祖庙站位于禅城区祖庙街道建新路与祖庙路交叉口东侧。周边邻近百花广场、铂顿城、祖庙、NOVA岭南站、兴华商场（图2.10-3～图2.10-7）。周边用地规划主要为商业。

祖庙及百花广场商圈被视为佛山的文化旅游和商业的中心，也是交通的枢纽。车站处于祖庙商圈的中心，邻近百花广场、兴华商场等商业网点。祖庙站远期预留与佛山5号线换乘，最近出台的广佛肇城际线（肇庆至佛山段）规划起始点亦在该站。

祖庙站设有4个出入口（图2.10-8），其中：A出入口位于建新路，可通往百花广场（图2.10-9）；B出入口位于建新路，可通往铂顿城（图2.10-10）；C、D出入口位于建新路，可通往NOVA岭南站、兴华商场（图2.10-11、图2.10-12）。

2.10.3 车站连通接口

祖庙站连通接口分别设置在A、B、C、D出入口连通地面的通道中（图2.10-13），该连通接口标识仅标注可分别通往百花广场、铂顿城与NOVA岭南站，为方便介绍，本

图2.10-3　百花广场

图2.10-4　铂顿城

图2.10-5　NOVA岭南站

图2.10-6　兴华商场

图2.10-7　祖庙

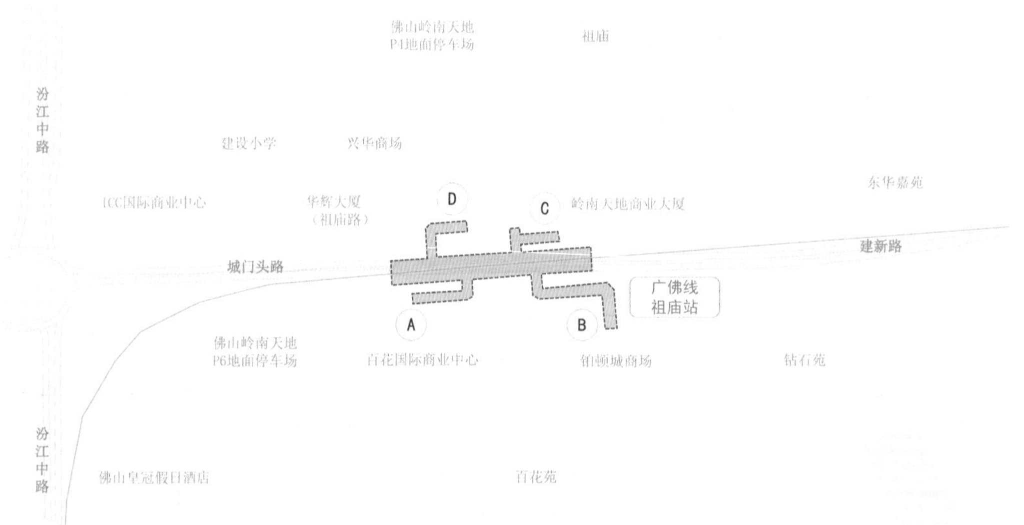

图2.10-8　祖庙站出入口示意图

书分别命名其为1号连通接口、2号连通接口、3号连通接口、4号连通接口（按从上到下、从左到右的原则对站厅平面图中的连通接口进行命名）。

1号连通接口连通铂顿城，2号连通接口连通百花广场，3、4号连通接口连通NOVA岭南站，均属于连通商业类型（图2.10-14～图2.10-17）。

本站4个连通接口均位于地铁附属范围，连通接口具体情况见表2.10-1～表2.10-4。

图2.10-9　A出入口

图2.10-10　B出入口

图2.10-11　C出入口

图2.10-12　D出入口

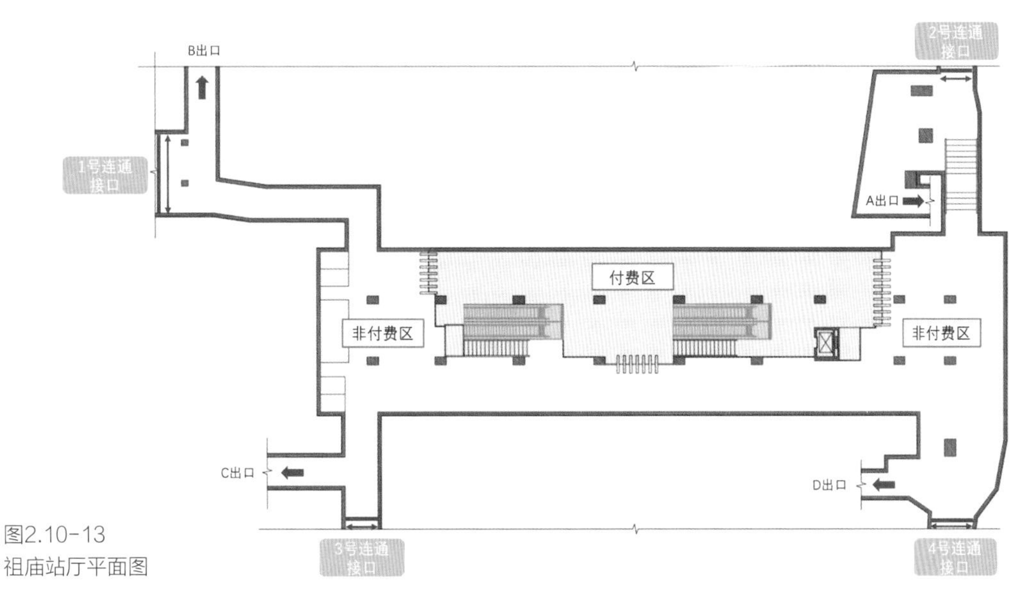

图2.10-13
祖庙站厅平面图

图2.10-14　1号连通接口

图2.10-15　2号连通接口

图2.10-16　3号连通接口

图2.10-17　4号连通接口

（1）1号连通接口

1号连通接口信息汇总表　　表2.10-1

接口属性	连通位置	地铁出入口通道
	连接物业	铂顿城（商业）
	连接空间形态	地下空间
高差关系	连接形式	非同层连接
	处理形式	台阶与电扶梯
连通接口尺寸	开口宽度（m）	（3个开口）9.6
	通道长度（m）	≥10
连通接口附加功能	无	

（2）2号连通接口

2号连通接口信息汇总表　　表2.10-2

接口属性	连通位置	地铁出入口通道
	连接物业	百花广场（商业）
	连接空间形态	地下空间
高差关系	连接形式	非同层连接
	处理形式	台阶
连通接口尺寸	开口宽度（m）	4
	通道长度（m）	≥10
连通接口附加功能	无	

（3）3号连通接口

3号连通接口信息汇总表　　表2.10-3

接口属性	连通位置	地铁出入口通道
	连接物业	NOVA岭南站（商业）
	连接空间形态	地下空间
高差关系	连接形式	非同层连接
	处理形式	台阶与电扶梯
连通接口尺寸	开口宽度（m）	5.6
	通道长度（m）	≥10
连通接口附加功能	无	

（4）4号连通接口

4号连通接口信息汇总表　　表2.10-4

接口属性	连通位置	地铁出入口通道	
	连接物业	NOVA岭南站（商业）	
	连接空间形态	地下空间	
高差关系	连接形式	非同层连接	
	处理形式	台阶与电扶梯	
连通接口尺寸	开口宽度（m）	12.8	
	通道长度（m）	≥10	
连通接口附加功能	无		

2.10.4　连通接口附属设施

祖庙站共4个连通接口，连通接口均设置3种常规附属设施，包括防火卷帘、防盗卷帘、防淹挡板。其中1号连通接口与商业连接的空间被柱子分为左右两个出口，分为1号连通接口A侧接口和1号连通接口B侧接口（表2.10-5）。

祖庙站连通接口附属设施设置情况汇总表　　表2.10-5

	防火卷帘	**防盗卷帘**	**防淹挡板**	**设置顺序**
1号连通接口（分3个开口）	3（3个开口各1道)	6（3个开口各2道）	1（靠近地铁侧设置）	地铁→防淹挡板→防盗卷帘→防火卷帘→防盗卷帘→物业
2号连通接口	1	2	2	地铁→防盗卷帘→防淹挡板→防淹挡板→防盗卷帘→防火卷帘→物业
3号连通接口	3	2	2	地铁→防盗卷帘→防淹挡板→防火卷帘→防火卷帘→防淹挡板→防火卷帘→防盗卷帘→物业
4号连通接口	2	2	2	地铁→防淹挡板→防盗卷帘→防火卷帘→防淹挡板→防火卷帘→防盗卷帘→物业

1. 本站连通接口常规附属设施的设置情况

（1）1号连通接口

1号连通接口设置了3种常规附属设施，共10道，1号连通接口与商业连接的空间被柱子分为3个开口，每个开口的附属设施布置一致，其中防淹挡板不在开口设置而在靠近地铁侧布置1道，三个开口均设置为：防火卷帘1道，防盗卷帘2道（图2.10-18）。

3个开口具体设置位置为：防火卷帘靠近地铁侧设置1道；防盗卷帘靠近地铁侧设置1道，靠近物业侧设置1道。防淹挡板不设置在3个开口侧而靠近地铁侧设置1道。

图2.10-18　1号连通接口侧面正视图

（2）2号连通接口

2号连通接口设置了3种常规附属设施，共5道，分别为：防火卷帘1道，防盗卷帘2道及防淹挡板2道（图2.10-19）。

具体设置位置为：防火卷帘靠近物业侧设置1道；防盗卷帘靠近物业侧设置1道，靠近地铁侧设置1道；2道防淹挡板设置在2道防盗卷帘之间。

（3）3号连通接口

3号连通接口设置了3种常规附属设施，共7道，分别为：防火卷帘3道，防盗卷帘2道及防淹挡板2道（图2.10-20）。

具体设置位置为：防火卷帘靠近物业侧设置2道，靠近地铁侧设置1道；防盗卷帘靠近物业侧设置1道，靠近地铁侧设置1道；防淹挡板靠近物业侧设置1道，靠近地铁侧设置1道。

（4）4号连通接口

4号连通接口设置了3种常规附属设施，共6道，分别为：防火卷帘2道，防盗卷帘2道及防淹挡板2道（图2.10-21）。

图2.10-19　2号连通接口侧面正视图

具体设置位置为：防火卷帘靠近地铁

图2.10-20　3号连通接口侧面正视图

图2.10-21　4号连通接口侧面正视图

侧、物业侧各设置1道；防盗卷帘靠近地铁侧、物业侧各设置1道；防淹挡板靠近地铁侧、物业侧设置1道。

综上，祖庙站连通接口通常设置3种常规附属设施，包括：防盗卷帘、防火卷帘及防淹挡板，但车站与同一性质空间连通接口的附属设施设置数量、位置、顺序并未统一。

2. 本站连通接口常规附属设施归纳

（1）设置数量

1号连通接口设置3道防火卷帘、6道防盗卷帘及1道防淹挡板，2号连通接口设置1道防火卷帘、2道防盗卷帘及2道防淹挡板，3号连通接口设置3道防火卷帘、2道防盗卷帘及2道防淹挡板，4号连通接口设置2道防火卷帘、2道防盗卷帘及2道防淹挡板。

（2）设置位置

1号连通接口分为3个开口，其开口侧防火卷帘靠近地铁侧设置1道，防盗卷帘靠近地铁侧设置1道，靠近物业侧设置1道，1号连通接口的防淹挡板不设置在3个开口侧而靠近地铁侧设置1道；2号连通接口防火卷帘靠近地铁侧设置1道，防盗卷帘靠近地铁侧、靠近物业侧各设置1道，防淹挡板设置在2道防盗卷帘之间；3号连通接口防火卷帘靠近物业侧设置2道，靠近地铁侧设置1道，防盗卷帘靠近地铁侧设置1道、靠近物业侧设置1道，防淹挡板靠近地铁侧设置1道，靠近物业侧设置1道；4号连通接口防火卷帘靠近地铁侧设置1道，靠近物业侧设置1道；防盗卷帘靠近地铁侧设置1道，靠近物业侧设置1道；防淹挡板靠近地铁侧设置1道，靠近物业侧设置1道。

（3）设置顺序

从地铁站厅进入物业方向，1号连通接口依次设置防淹挡板→防盗卷帘、防火卷帘、防淹挡板、防火挡板、防盗卷帘，2号连通接口依次设置防盗卷帘、防淹挡板、防淹挡板、防盗卷帘、防火卷帘，3号连通接口依次设置防盗卷帘、防淹挡板、防火卷帘、防火卷帘、防淹挡板、防火卷帘、防盗卷帘，4号连通接口依次设置防淹挡板、防盗卷帘、防火卷帘、防淹挡板、防火卷帘、防盗卷帘。

2.10.5 车站小结

（1）祖庙站共有4个出入口，4个连通接口；4个连通接口均通过连接通道连通商业，属于连通商业类型。

（2）4个连通接口均为连接地铁附属连接商业类型，其中1号、3号、4号连通接口通过连接通道连通商业，且地铁站厅与物业不同层连接，以台阶与电扶梯解决高差；2号连通接口通过连接通道连通商业，且地铁站厅与物业非同层连接，以台阶解决高差。

（3）祖庙站连通接口通常设置3种常规附属设施，包括：防盗卷帘、防火卷帘及防淹挡板，但车站与同一性质空间连通接口的附属设施设置数量、位置、顺序并未统一。

1号连通接口设置3道防火卷帘、6道防盗卷帘及1道防淹挡板，2号连通接口设置1道防火卷帘、2道防盗卷帘及2道防淹挡板，3号连通接口设置3道防火卷帘、2道防盗卷帘及2道防淹挡板，4号连通接口设置2道防火卷帘、2道防盗卷帘及2道防淹挡板。

1号连通接口分为3个开口，其开口侧防火卷帘靠近地铁侧设置，防盗卷帘靠近地铁侧与靠近物业侧设置，1号连通接口的防淹挡板不设置在3个开口侧而靠近地铁侧设置；2号连通接口靠近地铁侧设置防火卷帘，靠近地铁侧与物业侧设置防盗卷帘，防淹挡板设置在2道防盗卷帘之间；3号连通接口靠近地铁侧与物业侧设置防火卷帘、防盗卷帘与防淹挡板；4号连通接口靠近地铁侧和物业侧设置防火卷帘、防盗卷帘与防淹挡板。

4个连通接口附属设施设置顺序各不相同，具体顺序见表2.10-6。

祖庙站连通接口附属设施设置顺序汇总表　　表2.10-6

	设置顺序（从地铁站厅进入物业方向）
1号连通接口	防淹挡板→防盗卷帘→防火卷帘→防盗卷帘
2号连通接口	防盗卷帘→防淹挡板→防淹挡板→防盗卷帘→防火卷帘
3号连通接口	防盗卷帘→防淹挡板→防火卷帘→防火卷帘→防淹挡板→防火卷帘→防盗卷帘
4号连通接口	防淹挡板→防盗卷帘→防火卷帘→防淹挡板→防火卷帘→防盗卷帘

蟠岗站

2.11 蠕岗站

2.11.1 车站概述

广佛线蠕岗站位于佛山市南海区桂城街道桂澜路夏平西路口。车站共有4个地面出入口，1个连通接口连通千灯湖环宇城，均属于连通商业类型（图2.11-1、图2.11-2）。

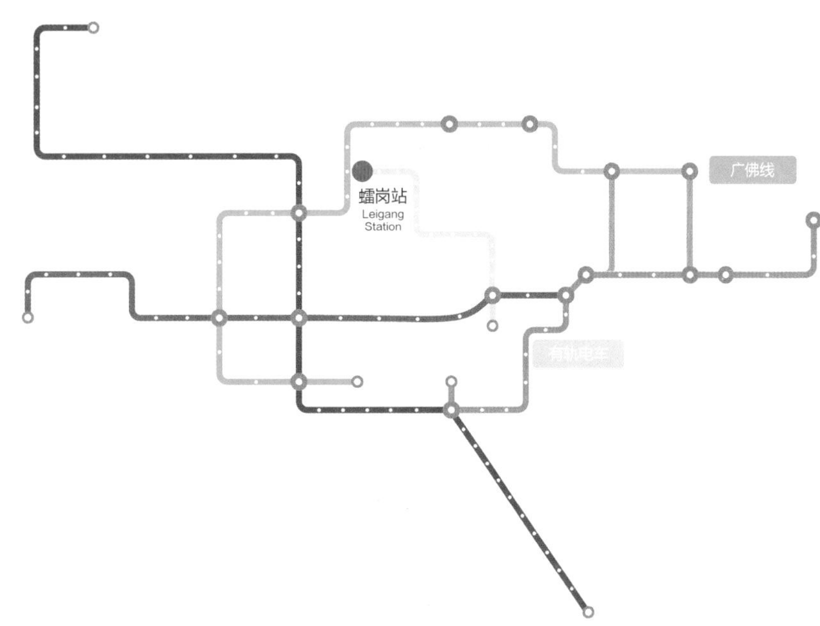

图2.11-1
蠕岗站在线网中的位置

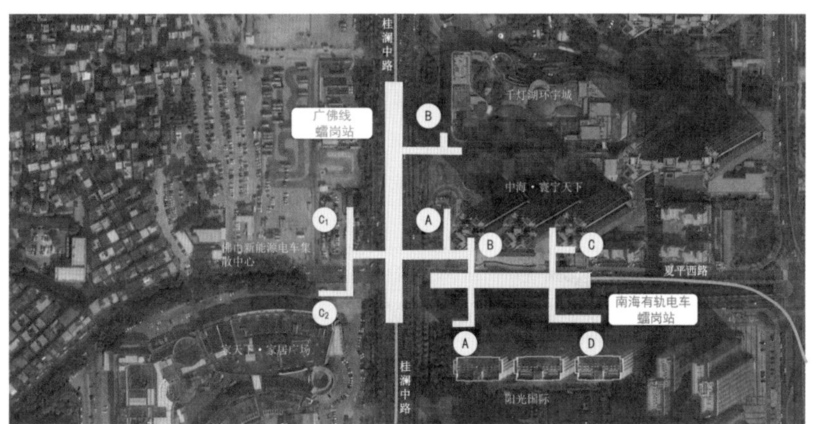

图2.11-2
蠕岗站地理位置

2.11.2 车站定位及环境

蠕岗站位于南海区桂城街道桂澜路夏平西路口。周边邻近南海有轨电车蠕岗站、千灯湖环宇城、蠕岗公园、家天下家居广场、南海万科广场和万科金色领域住宅区（图2.11-3～图2.11-6）。周边用地规划主要为商业和住宅。

图2.11-3 蠕岗公园

图2.11-4 千灯湖环宇城

图2.11-5 家天下家居广场

图2.11-6 南海万科广场

蠕岗公园以蠕岗山为主体建造，是休闲娱乐的大型综合性城市公园，与千灯湖一起构筑城市中轴线。千灯湖环宇城定位为潮流时尚、社交聚会、文化旅游，拥有9大场景化空间，于2023年被评为广东省级示范特色步行街。家天下家居广场是超大型综合商业购物中心，集高档家居建材购物、美食、培训、娱乐等商业功能于一体。南海万科广场是佛山首个万科广场、年轻社交引力场。

车站设有4出入口，其中：A出入口位于桂澜中路，可换乘南海有轨电车一号线；B出入口位于桂澜中路，可通往千灯湖环宇城；C_1、C_2出入口均位于桂澜中路，可通往家天下家居广场（图2.11-7～图2.11-11）。

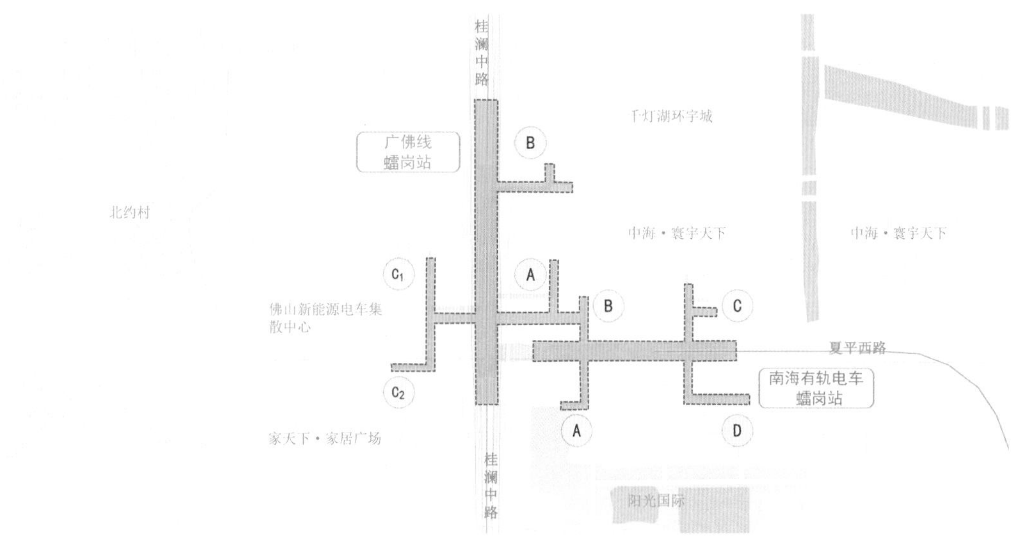

图2.11-7　蠕岗站出入口示意图

图2.11-8　A出入口

图2.11-9　B出入口

图2.11-10　C_1出入口

图2.11-11　C_2出入口

2.11.3 车站连通接口

蠕岗站连通接口设置在B出入口连通地面的通道中，该连通接口标识仅标注可分别通往千灯湖环宇城，为方便介绍，本书命名其为1号连通接口。

本站连通接口的基本情况为：1号连通接口连通千灯湖环宇城，属于连通商业类型（图2.11-12~图2.11-14）。

1号连通接口位于地铁附属范围，连通接口具体情况见表2.11-1。

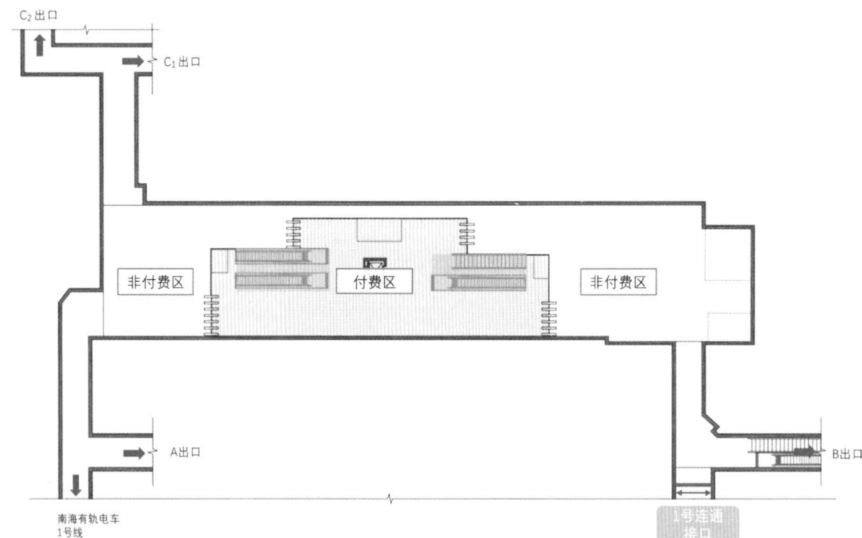

图2.11-12
蠕岗站厅平面图

图2.11-13　1号连通接口

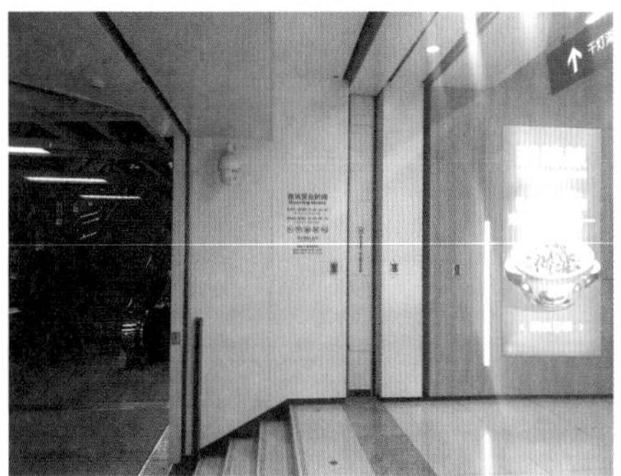

图2.11-14　1号连通接口侧面

1号连通接口信息汇总表　　表2.11-1

接口属性	连通位置	地铁出入口通道
	连接物业	千灯湖环宇城（商业）
	连接空间形态	地下空间
高差关系	连接形式	非同层连接
	处理形式	台阶与电扶梯
连通接口尺寸	开口宽度（m）	4.2
	通道长度（m）	≥10
连通接口附加功能	无	

2.11.4　连通接口附属设施

蠕岗站共1个连通接口，连通接口设置3种常规附属设施，包括防火卷帘、防盗卷帘、防淹挡板。

本站连通接口常规附属设施的设置情况见表2.11-2。

蠕岗站连通接口附属设施设置情况汇总表　　表2.11-2

	防火卷帘	防盗卷帘	防淹挡板	设置顺序
1号连通接口	1	2	1	地铁→防盗卷帘→防淹挡板→防火卷帘→防盗卷帘→物业

1号连通接口设置了3种常规附属设施，共4道，分别为：防火卷帘1道、防盗卷帘2道及防淹挡板1道。

具体设置位置为：防火卷帘靠近物业侧设置1道；防盗卷帘靠近地铁侧设置1道，靠近物业侧设置1道；防淹挡板靠近地铁侧设置1道。

综上，蠕岗站连通接口通常设置3种常规附属设施，包括：防盗卷帘、防火卷帘及防淹挡板。

（1）设置数量

1号连通接口设置1道防火卷帘、2道防盗卷帘及1道防淹挡板。

（2）设置位置

1号连通接口防火卷帘靠近物业侧设置1道；防盗卷帘靠近地铁侧设置1道、靠近物业侧设置1道；防淹挡板靠近地铁侧设置1道。

（3）设置顺序

从地铁站厅进入物业方向，1号连通接口依次设置防盗卷帘、防淹挡板、防火卷帘、防盗卷帘。

2.11.5 车站小结

（1）蠕岗站共有4个地面出入口，1个连通接口；连通接口通过连接通道连通商业，属于连通商业类型。

（2）1号连通接口为地铁附属连接商业类型，通过连接通道连通商业，且站厅与物业非同层连接，以台阶与电扶梯解决高差。

（3）蠕岗站连通接口通常设置3种常规附属设施，包括：防盗卷帘、防火卷帘及防淹挡板。

1号连通接口设置1道防火卷帘、2道防盗卷帘及1道防淹挡板。

1号连通接口靠近物业侧设置防火卷帘，靠近地铁侧与物业设置防盗卷帘，靠近地铁侧设置防淹挡板。

1号连通接口附属设施设置顺序见表2.11-3。

岗站连通接口附属设施设置顺序汇总表　　表2.11-3

设置顺序（从地铁站厅进入物业方向）	
1号连通接口	防盗卷帘→防淹挡板→防火卷帘→防盗卷帘

顺德欢乐海岸站

2.12 顺德欢乐海岸站

2.12.1 车站概述

佛山地铁3号线顺德欢乐海岸站位于佛山市顺德区大良街道欢乐大道与新城路交叉口（图2.12-1）。车站共有4个出入口，3个连通接口（图2.12-2），其中两个连通O'PLAZA欢乐海岸购物中心，属于连通商业类型。一个连接华侨城天鹅堡下沉广场，属于连通下沉广场类型（图2.12-3～图2.12-6）。

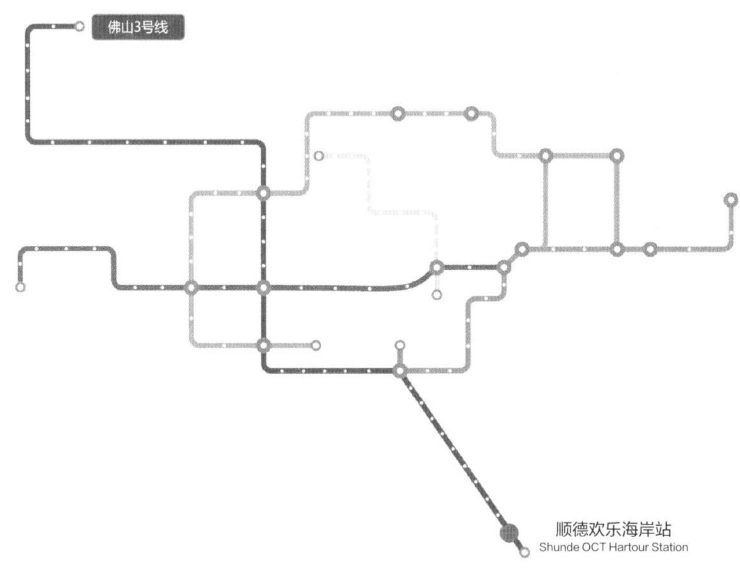

图2.12-1
顺德欢乐海岸站在线网中的位置

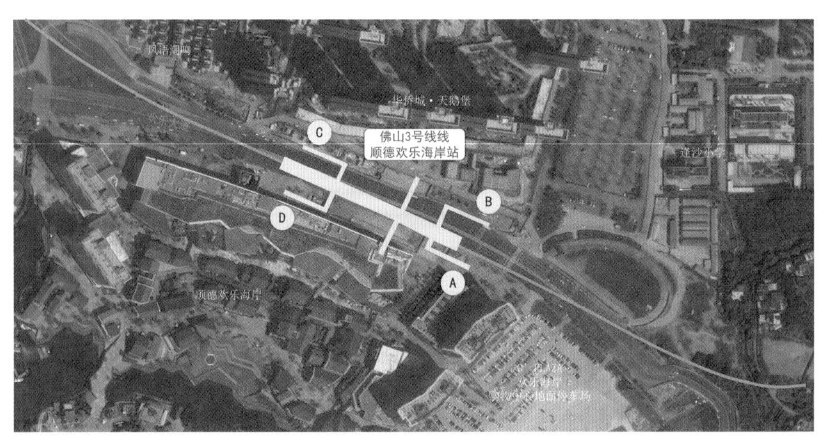

图2.12-2
顺德欢乐海岸站地理位置

2.12.2 车站定位及环境

顺德欢乐海岸站位于顺德区大良街道欢乐大道与新城路交叉口。周边邻近欢乐海岸大型主题游乐公园、O'PLAZA欢乐海岸购物中心、华侨城天鹅堡和凤语潮鸣住宅区。周边用地规划主要为商业与住宅。

深圳欢乐海岸项目坐落于深圳湾畔绝佳地块，是集商务、商业、休闲、旅游、文化为一体的文商旅类综合体，占地3.36km^2。O'PLAZA欢乐海岸购物中心坐落在心湖湖畔，建筑面积约8万m^2，以环保、生态为设计理念，打造以“亲子+体验”为特色的优质生活社交空间。

顺德欢乐海岸站设有4个出入口（图2.12-7），其中：A出入口位于欢乐大道，O'PLAZA欢乐海岸购物中心（图2.12-8）；B出入口位于欢乐大道，可通往华侨城天鹅堡住宅区（图2.12-9）；C出入口位于欢乐大道，可通往华侨城天鹅堡、凤语潮鸣住宅区（图2.12-10）；D出入口位于欢乐大道，可通往O'PLAZA欢乐海岸购物中心（图2.12-11）。

2.12.3 车站连通接口

顺德欢乐海岸站连通接口分别设置在A、B、D出入口连通地面的通道中（图2.12-12），

图2.12-3　华侨城欢乐海岸Plus

图2.12-4　O'PLAZA广场

图2.12-5　凤语潮鸣住宅区

图2.12-6　华侨城天鹅堡

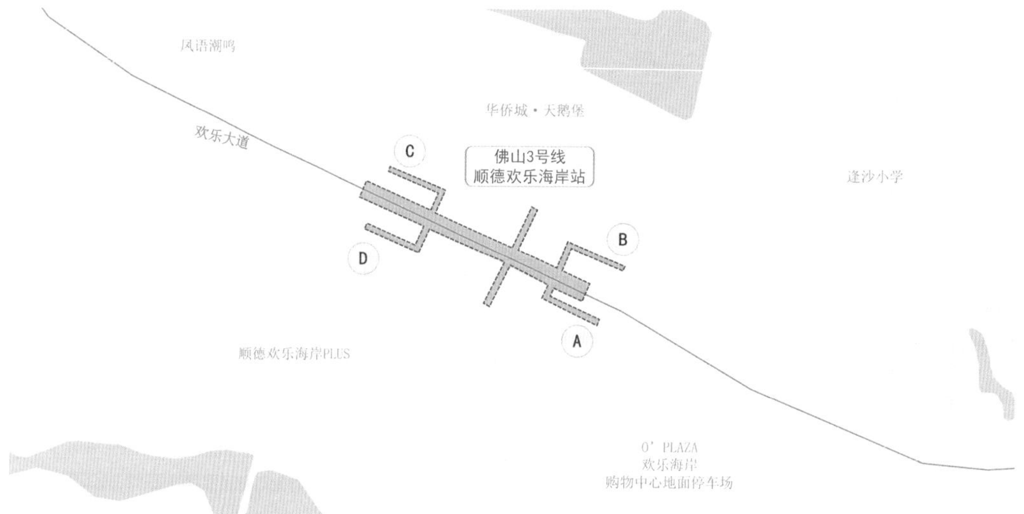

图2.12-7　顺德欢乐海岸站出入口示意图

图2.12-8　A出入口

图2.12-9　B出入口

图2.12-10　C出入口

图2.12-11　D出入口

该连通接口标识仅标注可通往O'PLAZA欢乐海岸购物中心及华侨城天鹅堡下沉广场，为方便介绍，本书分别命名其为站1号连通接口、2号连通接口、3号连通接口，按从上到下、从左到右的原则对站厅平面图中的连通接口进行命名。

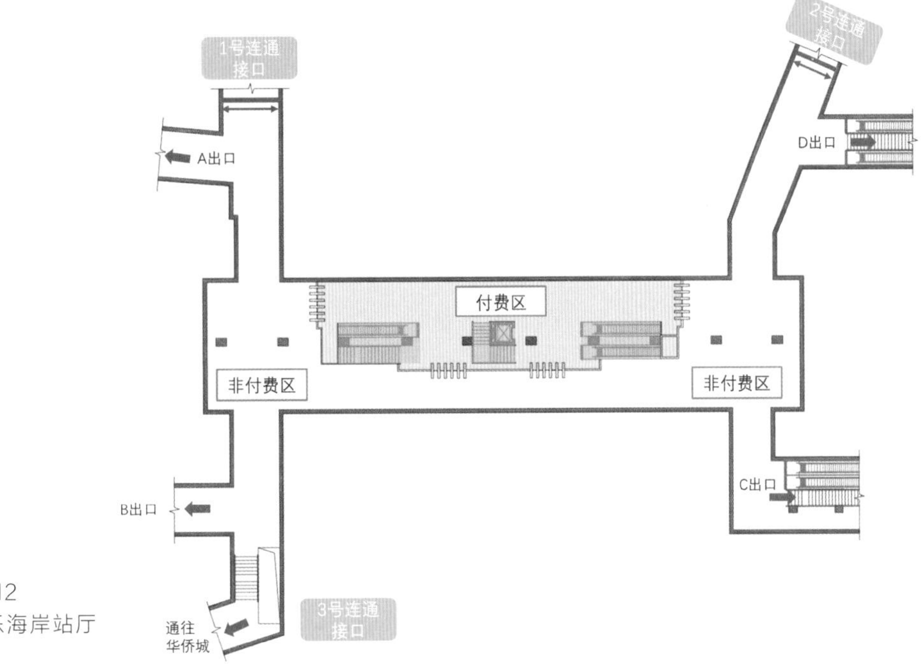

图2.12-12
顺德欢乐海岸站厅平面图

图2.12-13　1号连通接口

图2.12-14　2号连通接口

图2.12-15　3号连通接口

本站连通接口的基本情况为：1号连通接口与2号连通接口均连通O'PLAZA欢乐海岸购物中心，属于连通商业类型。3号连通接口连通天鹅堡下沉广场，属于连通下沉广场类型（图2.12-13～图2.12-15）。

本站3个连通接口均位于地铁附属范围，连通接口具体情况见表2.12-1～表2.12-3。

（1）1号连通接口

1号连通接口信息汇总表　　表2.12-1

接口属性	连通位置	地铁出入口通道
	连接物业	O'PLAZA欢乐海岸购物中心（商业）
	连接空间形态	地下空间
高差关系	连接形式	同层连接
	处理形式	坡道
连通接口尺寸	开口宽度（m）	7.2
	通道长度（m）	≥10
连通接口附加功能	无	

（2）2号连通接口

2号连通接口信息汇总表　　表2.12-2

接口属性	连通位置	地铁出入口通道
	连接物业	O'PLAZA欢乐海岸购物中心（商业）
	连接空间形态	地下空间
高差关系	连接形式	同层连接
	处理形式	坡道
连通接口尺寸	开口宽度（m）	7.2
	通道长度（m）	≥10
连通接口附加功能	无	

（3）3号连通接口

3号连通接口信息汇总表　　表2.12-3

接口属性	连通位置	地铁出入口通道
	连接物业	华侨城天鹅堡下沉广场
	连接空间形态	地下空间
高差关系	连接形式	非同层连接
	处理形式	台阶与电扶梯
连通接口尺寸	开口宽度（m）	6.4
	通道长度（m）	≥10
连通接口附加功能	无	

2.12.4 连通接口附属设施

顺德欢乐海岸站共3个连通接口（图2.12-16～图2.12-18），连通接口均布置3种常规附属设施，包括防火卷帘、防盗卷帘、防淹挡板。

本站连通接口常规附属设施的设置情况见表2.12-4。

1、2、3号连通接口设置了3种常规附属设施，共5道，分别为：防火卷帘2道，防盗卷帘2道及防淹挡板1道。

具体设置位置为：防火卷帘靠近物业侧设置1道，靠近地铁侧设置1道；防盗卷帘靠近物业侧设置1道，靠近地铁侧设置1道；防淹挡板居中设置在2道防火卷帘之间。

综上，顺德欢乐海岸站连通接口通常设置3种常规附属设施，包括：防盗卷帘、防火卷帘及防淹挡板。

（1）设置数量

1、2、3号连通接口设置2道防火卷帘、2道防盗卷帘及1道防淹挡板。

（2）设置位置

1、2、3号连通接口防火卷帘靠近物业侧设置1道，靠近地铁侧设置1道；防盗卷帘靠近物业侧设置1道、靠近地铁侧设置1道；防淹挡板靠近地铁侧设置1道。

图2.12-16　1号连通接口正侧面

图2.12-18　3号连通接口正侧面

图2.12-17　2号连通接口正侧面

顺德欢乐海岸站连通接口附属设施设置情况汇总表　　表2.12-4

	防火卷帘	防盗卷帘	防淹挡板	设置顺序
1号连通接口	2	2	1	地铁→防盗卷帘→防火卷帘→防淹挡板→防火卷帘→防盗卷帘→物业
2号连通接口	2	2	1	地铁→防盗卷帘→防火卷帘→防淹挡板→防火卷帘→防盗卷帘→物业
3号连通接口	2	2	1	地铁→防盗卷帘→防火卷帘→防淹挡板→防火卷帘→防盗卷帘→物业

（3）设置顺序

从地铁站厅进入物业方向，1、2、3号连通接口依次设置防盗卷帘、防火卷帘、防淹挡板、防火卷帘、防盗卷帘。

2.12.5 车站小结

（1）顺德欢乐海岸站共有4个出入口，3个连通接口；2个连通接口通过连接通道连通商业，属于连通商业类型；1个连通接口通过连接通道连接下沉广场，属于连通下沉广场类型。

（2）2个连通接口为地铁附属连接商业类型，其连通接口通过连接通道连通商业，且地铁站厅与物业同层连接，以坡道解决高差。1个连通接口为地铁附属连接下沉广场类型，其连通接口通过连接通道连接下沉广场，地铁站厅与物业不同层连接，以台阶与电扶梯解决高差。

（3）顺德欢乐海岸站连通接口通常设置3种常规附属设施，包括：防盗卷帘、防火卷帘及防淹挡板，车站与不同性质空间连通接口的附属设施设置数量、位置、顺序均统一。

1、2、3号连通接口设置2道防火卷帘、2道防盗卷帘及1道防淹挡板。

1、2、3号连通接口均为靠近地铁与物业侧设置防火卷帘与防盗卷帘，在地铁与物业侧居中设置防淹挡板。

3个连通接口附属设施设置顺序相同，具体顺序见表2.12-5。

顺德欢乐海岸站连通接口附属设施设置顺序汇总表　　表2.12-5

	设置顺序（从地铁站厅进入物业方向）
1号连通接口	防盗卷帘→防火卷帘→防淹挡板→防火卷帘→防盗卷帘
2号连通接口	防盗卷帘→防火卷帘→防淹挡板→防火卷帘→防盗卷帘
3号连通接口	防盗卷帘→防火卷帘→防淹挡板→防火卷帘→防盗卷帘

沙园站

2.13 沙园站

2.13.1 车站概述

沙园站为广州地铁8号线和广佛线的换乘车站，位于广州市海珠区工业大道与榕景路交叉口（图2.13-1、图2.13-2）。车站共有4个出入口，1个连通接口连通乐峰广场的下沉广场，属于连通下沉广场类型。

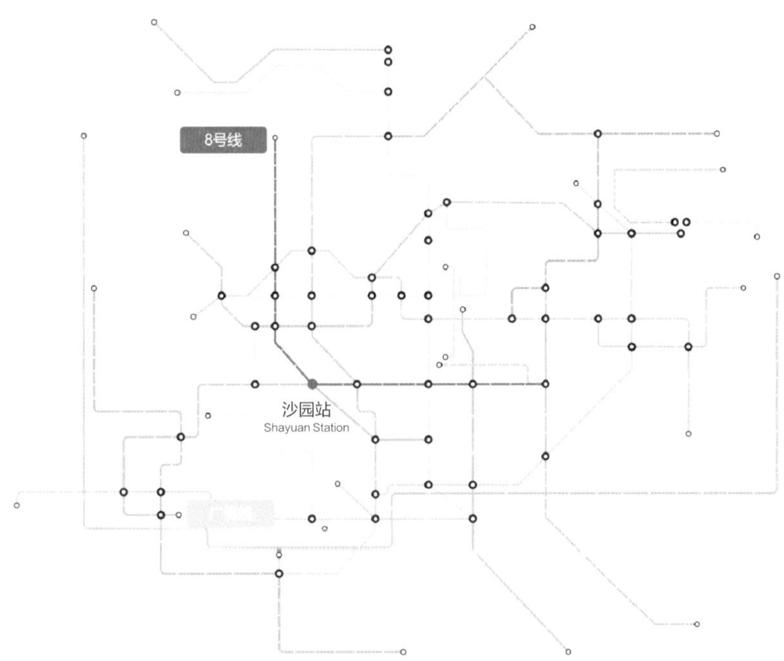

图2.13-1
沙园站在线网中的位置

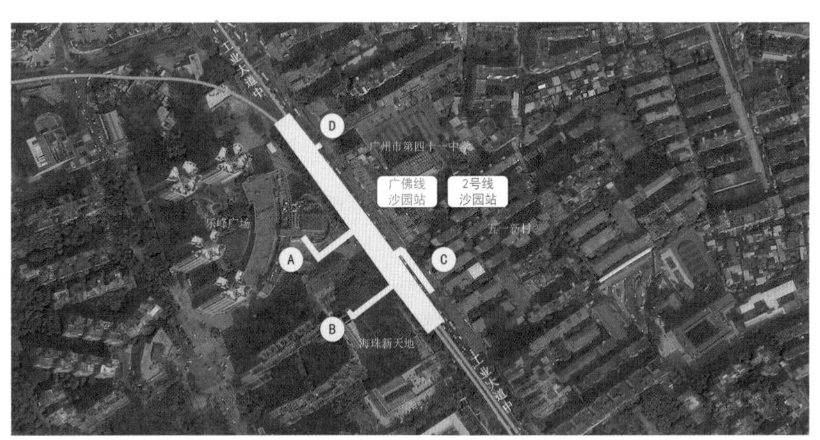

图2.13-2
沙园站地理位置

2.13.2 车站定位及环境

沙园站位于海珠区工业大道与榕景路交叉口。周边邻近乐峰广场、海珠新天地商业广场、光大花园居住区、五一新村、广州市第四十一中学、菩提路小学。周边用地规划主要为商业与住宅。

图2.13-3 乐峰广场

乐峰广场是海珠区首个大型购物中心（图2.13-3），全新定位为“高光生活 城市焦点”，坚持以周边小太阳中产家庭和年轻客群为核心。广州市第四十一中学是广东省一级学校，广东省“现代技术实验学校”“广东省绿色学校”（图2.13-4）。

广州著名的太古仓码头景点也在沙园站的辐射范围内（图2.13-5）。太古仓是广州市文物保护单位，始建于清光绪三十年（1904），原为英商太古轮船公司建造的码头仓库，如今是集文化创意、展贸、观光旅游、休闲娱乐等功能于一体的广州“城市客厅”。

车站设有4个出入口（图2.13-6），其中：A出入口位于工业大道北，可通往乐峰广场中（图2.13-7）；B出入口位于工业大道北，可通往海珠新天地商业广场、光大花园小区（图2.13-8）；C出入口位于工业大道北，可通往五一新村（图2.13-9）；D出入口位于工业大道北，可通往广州市第四十一中学（图2.13-10）。

2.13.3 车站连通接口

本站连通接口的基本情况为：A号连通接口连通乐峰广场的下沉广场，属于连通下沉广场类型（图2.13-11、图2.13-12）。

A号连通接口位于地铁附属范围，连通接口具体情况见表2.13-1。

图2.13-4 广州市第四十一中学

图2.13-5 太古仓码头

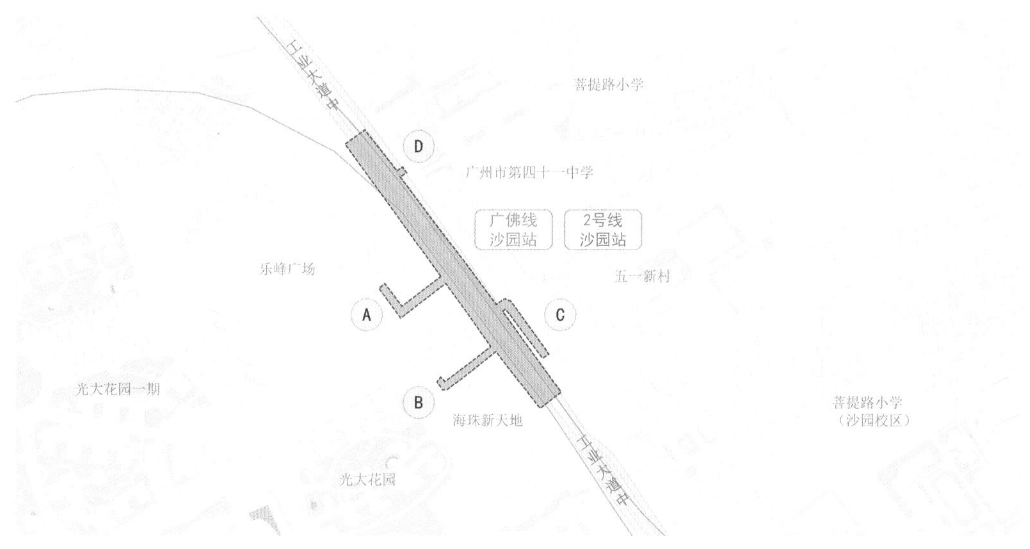

图2.13-6　沙园站出入口示意图

图2.13-7　A出入口

图2.13-8　B出入口

图2.13-9　C出入口

图2.13-10　D出入口

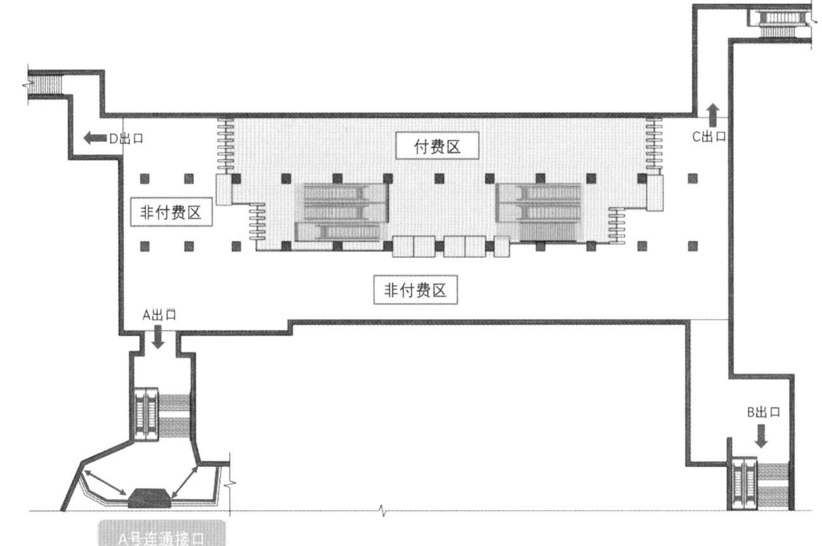

图2.13-11
沙园站厅平面图

图2.13-12　A号连通接口

1号连通接口信息汇总表　　表2.13-1

接口属性	连通位置	地铁出入口通道
	连接物业	乐峰广场（商业）
	连接空间形态	下沉广场
高差关系	连接形式	非同层连接
	处理形式	台阶与电扶梯
连通接口尺寸	开口宽度（m）	10.4
	通道长度（m）	≥10
连通接口附加功能	无	

2.13.4 连通接口附属设施

沙园站共1个连通接口，连通接口设置3种常规附属设施，包括防火卷帘、防盗卷帘、防淹挡板（表2.13-2）。A号连通接口与下沉广场连接的空间被柱子分为左右两个出口。

沙园站连通接口附属设施设置情况汇总表　　表2.13-2

	防火卷帘	防盗卷帘	防淹挡板	设置顺序
A号连通接口左侧出口	2	1	2	地铁→防淹挡板→防盗卷帘→防火卷帘→防火卷帘→防淹挡板→物业
A号连通接口右侧出口	1	1	2	地铁→防淹挡板→防盗卷帘→防淹挡板→防火卷帘→物业

1. 本站连通接口常规附属设施的设置情况

（1）A号连通接口左侧出口

A号连通接口左侧出口设置了3种常规附属设施，共5道，分别为：防火卷帘2道、防盗卷帘1道及防淹挡板2道（图2.13-13）。

具体设置位置为：防火卷帘靠近地铁侧设置2道；防盗卷帘靠近地铁侧设置1道；防淹挡板靠近地铁侧设置1道，靠近物业侧设置1道。

（2）A号连通接口右侧出口

A号连通接口右侧出口设置了3种常规附属设施，共4道，分别为：防火卷帘1道、防盗卷帘1道及防淹挡板2道（图2.13-14）。

具体设置位置为：防火卷帘靠近物业侧设置1道；防盗卷帘靠近地铁侧设置1道；防淹挡板靠近地铁侧设置1道，靠近物业侧设置1道。

综上，沙园站连通接口通常设置3种常规附属设施，包括：防盗卷帘、防火卷帘及防淹挡板，但车站与同一性质空间连通接口的附属设施设置数量、位置、顺序并未统一。

图2.13-13　A号连通接口左侧出口侧面正视图

图2.13-14　A号连通接口右侧出口正视图

2. 本站连通接口常规附属设施归纳

（1）设置数量

A号连通接口左侧出口设置2道防火卷帘、1道防盗卷帘及2道防淹挡板；A号连通接口右侧出口设置1道防火卷帘、1道防盗卷帘及2道防淹挡板。

（2）设置位置

A号连通接口左侧出口防火卷帘靠近地铁侧设置2道，防盗卷帘靠近地铁侧设置1道，防淹挡板靠近地铁侧设置1道，靠近物业侧设置1道；A号连通接口右侧出口防火卷帘靠近物业侧设置1道，防盗卷帘靠近地铁侧设置1道，防淹挡板靠近地铁侧设置1道，靠近物业侧设置1道。

（3）设置顺序

从地铁站厅进入物业方向，A号连通接口左侧出口依次设置防淹挡板、防盗卷帘、防火卷帘、防火卷帘、防淹挡板；A号连通接口右侧出口依次布置防淹挡板、防盗卷帘、防淹挡板、防火卷帘。

2.13.5 车站小结

（1）沙园站共有3个出入口，1个连通接口；连通接口通过连接通道连通下沉广场，属于连通下沉广场类型。

（2）A号连通接口为地铁主体连接下沉广场类型，通过连接通道连通下沉广场，且地铁站厅与物业非同层连接，以台阶与电扶梯解决高差。

（3）珠江新城站连通接口通常设置3种常规附属设施，包括：防盗卷帘、防火卷帘及防淹挡板，但车站与同一性质空间连通接口的附属设施设置数量、位置、顺序并未统一。

A号连通接口左侧出口设置2道防火卷帘、1道防盗卷帘及2道防淹挡板；A号连通接口右侧出口设置1道防火卷帘、1道防盗卷帘及2道防淹挡板。

A号连通接口左侧出口靠近地铁侧设置防火卷帘与防盗卷帘，靠近地铁侧与物业侧设置防淹挡板；A号连通接口右侧出口靠近物业侧设置防火卷帘与防淹挡板，靠近地铁侧设置防盗卷帘与防淹挡板。

A号连通接口左右两侧出口的附属设施设置顺序各不相同，具体顺序见表2.13-3。

沙园站连通接口附属设施设置顺序汇总表 表2.13-3

	设置顺序（从地铁站厅进入物业方向）
A号连通接口左侧出口	防淹挡板→防盗卷帘→防火卷帘→防火卷帘→防淹挡板
A号连通接口右侧出口	防淹挡板→防盗卷帘→防淹挡板→防火卷帘

万胜围站

2.14 万胜围站

2.14.1 车站概述

万胜围站为广州地铁4号线和8号线的换乘车站，位于广州市海珠区新港东路和琶洲新马路的交叉口。车站共有3个出入口，2个连通接口，其中1个连通接口连通万胜广场的下沉广场，属于连通下沉广场类型；另1个连通接口连通保利广场，属于连通商业类型（图2.14-1、图2.14-2）。

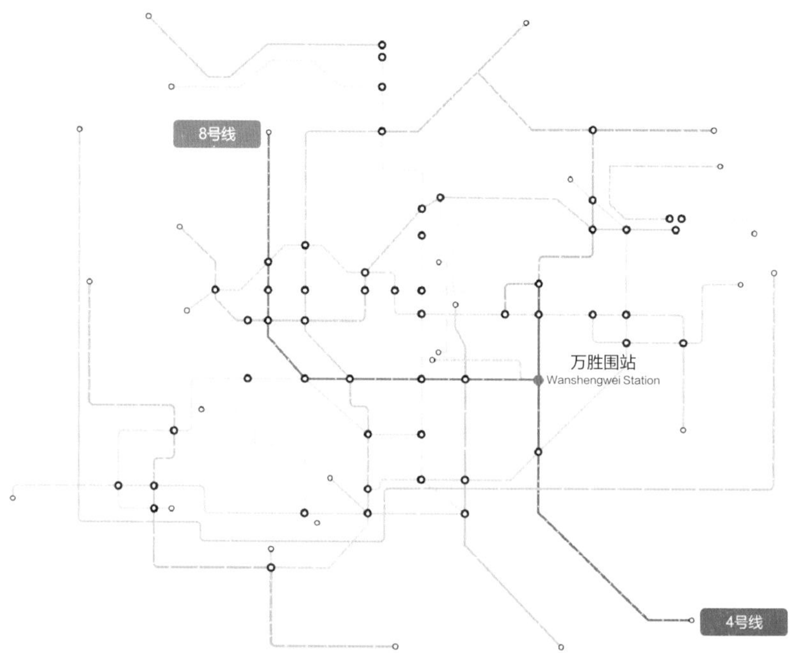

图2.14-1
万胜围站在线网中的位置

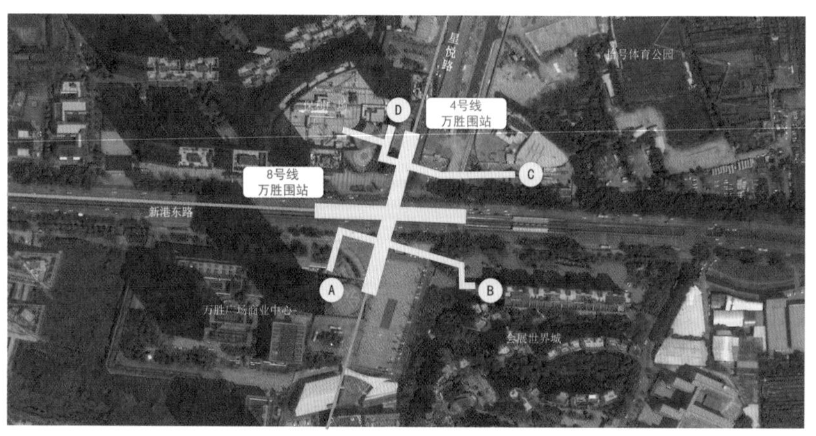

图2.14-2
万胜围站地理位置

2.14.2 车站定位及环境

万胜围站位于海珠区新港东路和琶洲新马路的交叉口，坐落在千琶洲地块。周边邻近琶洲塔和珠江前航道、保利广场、广州地铁博物馆、万胜广场、会展世界城住宅区与广州有轨电车万胜围站。周边用地规划主要为商业与住宅。

琶洲原称“琵琶洲”，位于东南珠江的南岸，原为江中沙洲，现已和南岸相连，因古时沙洲轮廓颇似琵琶而得名，因其地处珠江要道，故又被称为“会城水口”（图2.14-3）。万胜广场项目整体定位为“国际互联网金融产业园”，是集线网运营指挥中心、商务办公、购物、交通枢纽、文化旅游观光于一体的城市服务商业综合体（图2.14-4）。广州保利广场定位为“城市趣活中心”，打造琶洲网红潮人新型聚集地（图2.14-5）。黄埔古港位于广州市海珠区石基路石基村，古港内有黄埔税馆遗址、古港遗风牌坊、黄埔古港遗址等，是广州重要的旅游胜地（图2.14-6）。

车站设有4个地面出入口（图2.14-7），其中：A出入口位于新港东路，万胜广场（图2.14-8）；B出入口位于新港东路，可通往会展世界城住宅区（图2.14-9）；C出入口位

图2.14-3 琶洲村

图2.14-4 万胜广场

图2.14-5 保利广场

图2.14-6 黄埔古港

于新港东路北侧、星悦路东侧的待开发地块中（图2.14-10）；D出入口位于星悦路，可通往保利广场（图2.14-11）。

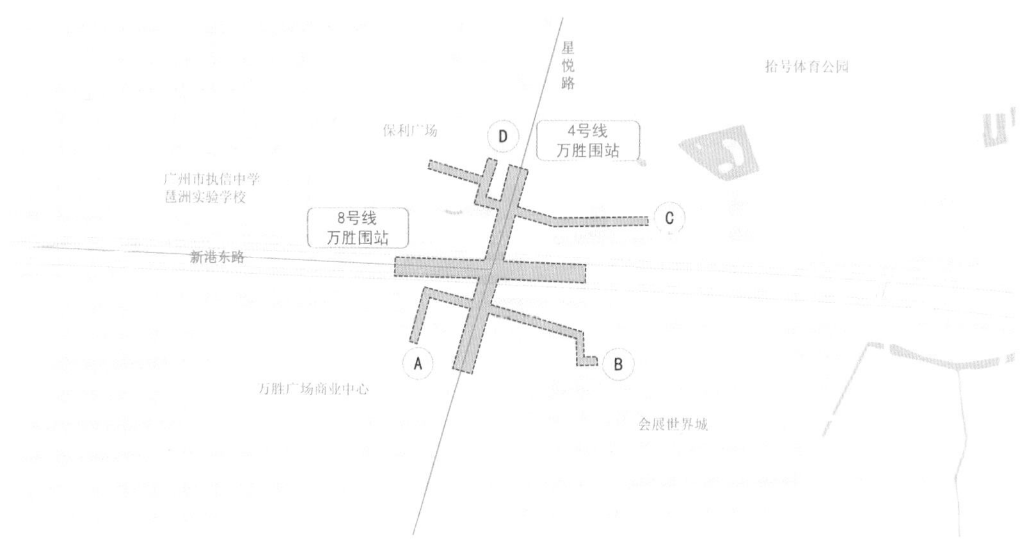

图2.14-7 万胜围站出入口示意图

图2.14-8 A出入口

图2.14-9 B出入口

图2.14-10 C出入口

图2.14-11 D出入口

万胜围站为地下两层车站，地下一层为站厅与广州地铁8号线站台。由于地铁8号线站台呈东西走向，地下一层站厅被分为了南北两个不同区域，两侧的出入口之间无法直接连通。

2.14.3 车站连通接口

万胜围站共有2个连通接口，其中1个是A号连通接口，另一个连通接口设置在D出入口连通地面的通道中，该连通接口标识仅标注可通往保利广场，为方便介绍，本书命名其为1号连通接口（图2.14-12）。

本站连通接口的基本情况为：A号连通接口连通万胜广场的下沉广场，属于连通下沉广场类型（图2.14-13）；1号连通接口连通保利广场，属于连通商业类型（图2.14-14和表2.14-1、表2.14-2）。

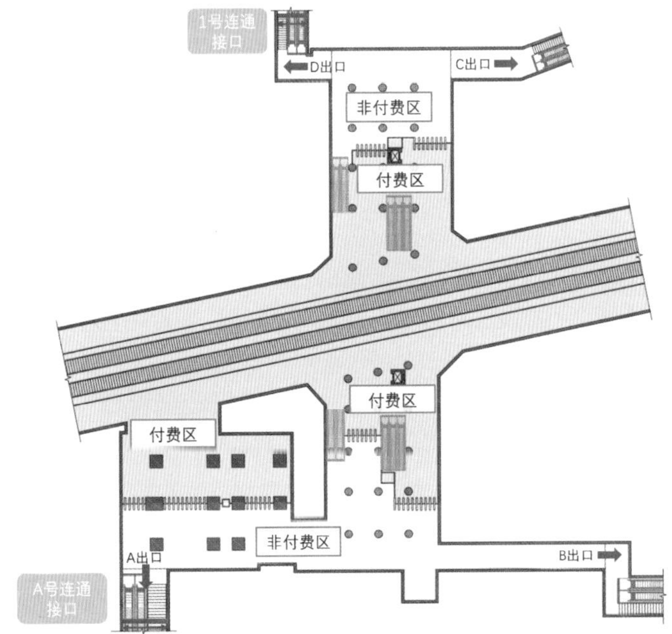

图2.14-12
万胜围站厅平面图

图2.14-13　A号连通接口

图2.14-14　1号连通接口

本站2个连通接口均位于地铁附属范围，连通接口具体情况为：

（1）A号连通接口

A号连通接口信息汇总表 表2.14-1

接口属性	连通位置	地铁出入口通道	
	连接物业	万胜广场（商业）	
	连接空间形态	下沉广场	
高差关系	连接形式	非同层连接	
	处理形式	台阶与电扶梯	
连通接口尺寸	开口宽度（m）	5	
	通道长度（m）	≥10	
连通接口附加功能	无		

（2）1号连通接口

1号连通接口信息汇总表 表2.14-2

接口属性	连通位置	地铁出入口通道	
	连接物业	保利广场（商业）	
	连接空间形态	地下空间	
高差关系	连接形式	非同层连接	
	处理形式	台阶与电扶梯	
连通接口尺寸	开口宽度（m）	4	
	通道长度（m）	8	
连通接口附加功能	无		

2.14.4 连通接口附属设施

万胜围站共4个连通接口，连通接口均设置3种常规附属设施，包括防火卷帘、防盗卷帘、防淹挡板（表2.14-3）。

万胜围站连通接口附属设施设置情况汇总表　　表2.14-3

	防火卷帘	防盗卷帘	防淹挡板	设置顺序
A号连通接口	0	1	1	地铁→防盗卷帘→防淹挡板→下沉广场
1号连通接口	2	1	2	地铁→防淹挡板→防火卷帘→防盗卷帘→防火卷帘→防淹挡板→物业

1. 本站连通接口常规附属设施的设置情况

（1）A号连通接口

A号连通接口设置了2种常规附属设施，共2道，分别为：防盗卷帘1道及防淹挡板1道（图2.14-15）。

具体设置位置为：防盗卷帘靠近地铁侧设置1道；防淹挡板靠近地铁侧设置1道。

（2）1号连通接口

1号连通接口设置了3种常规附属设施，共5道，分别为：防火卷帘2道、防盗卷帘1道及防淹挡板2道（图2.14-16）。

具体设置位置为：防火卷帘靠近物业侧设置1道，靠近地铁侧设置1道；防盗卷帘靠近物业侧设置1道；防淹挡板靠近物业侧设置1道，靠近地铁侧设置1道。

综上，万胜围站连通接口通常设置3种常规附属设施，包括：防盗卷帘、防火卷帘及防淹挡板，但车站与同一性质空间连通接口的附属设施设置数量、位置、顺序并未统一。

图2.14-15　A号连通接口侧面

图2.14-16　1号连通接口侧面

2. 本站连通接口常规附属设施归纳

（1）设置数量

A号连通接口设置1道防盗卷帘及1道防淹挡板，1号连通接口设置2道防火卷帘、1道防盗卷帘及2道防淹挡板。

（2）设置位置

A号连通接口防盗卷帘靠近地铁侧设置1道，防淹挡板靠近地铁侧设置1道；1号连通接口防火卷帘靠近地铁侧与物业侧各设置1道，防淹挡板靠近地铁侧与物业侧各设置1道，防盗卷帘靠近物业侧设置1道，设置在2道防火卷帘之间。

（3）设置顺序

从地铁站厅进入物业方向，A号连通接口依次设置防盗卷帘、防淹挡板，1号连通接口依次设置防淹挡板、防火卷帘、防盗卷帘、防火卷帘、防淹挡板。

2.14.5 车站小结

（1）万胜围站共有3个出入口，2个连通接口；其中A号连通接口下沉广场，属于连通下沉广场类型，1号连通接口通过连接通道连通商业，属于连通商业类型。

（2）1个连通接口为地铁附属连接下沉广场类型，其中A号连通接口通过连接通道连通下沉广场，且地铁站厅与下沉广场非同层连接，以台阶与电扶梯解决高差；1个连通接口为地铁附属连接商业类型，1号连通接口通过连接通道连通商业，且地铁站厅与物业非同层连接，以台阶与电扶梯解决高差。

（3）万胜围站连通接口通常设置3种常规附属设施，包括：防盗卷帘、防火卷帘及防淹挡板，但车站与同一性质空间连通接口的附属设施设置数量、位置、顺序并未统一。

A号连通接口设置1道防盗卷帘及1道防淹挡板，1号连通接口设置2道防火卷帘、1道防盗卷帘及2道防淹挡板。

A号连通接口靠近地铁侧设置防盗卷帘与防淹挡板；1号连通接口靠近地铁侧与物业侧均设置防火卷帘和防淹挡板，靠近物业侧设置防盗卷帘，并且设置在2道防火卷帘之间。

2个连通接口附属设施设置顺序各不相同，具体顺序见表2.14-4。

万胜围站连通接口附属设施设置顺序汇总表　　表2.14-4

	设置顺序（从地铁站厅进入物业方向）
A号连通接口	防盗卷帘→防淹挡板
1号连通接口	防淹挡板→防火卷帘→防盗卷帘→防火卷帘→防淹挡板

世纪莲站

2.15 世纪莲站

2.15.1 车站概述

广佛线世纪莲站位于佛山市顺德区裕和路和吉祥道交叉口。车站共有5个出入口，4个连通接口，其中2个连通接口分别连通十亩地购物中心、金海创意中心，属于连通商业类型，另外2个连通接口分别连通十亩地购物中心下沉广场、金海创意中心下沉广场，属于连通下沉广场类型（图2.15-1、图2.15-2）。

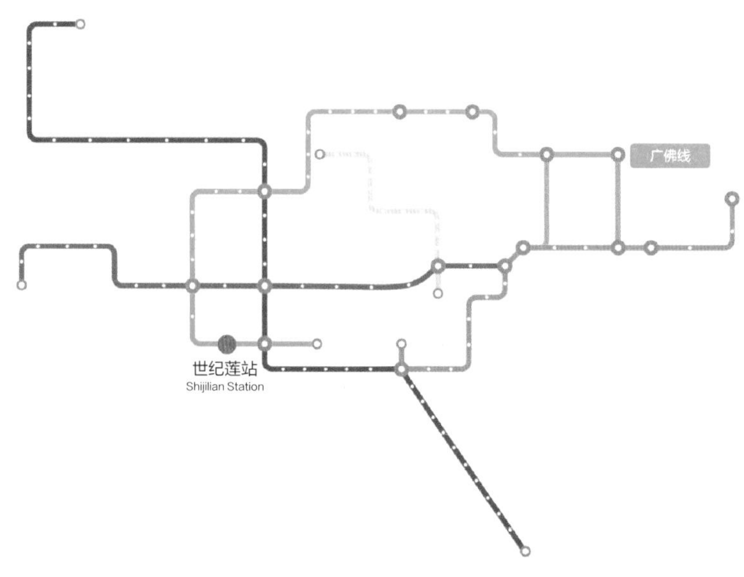

图2.15-1
世纪莲站在线网中的位置

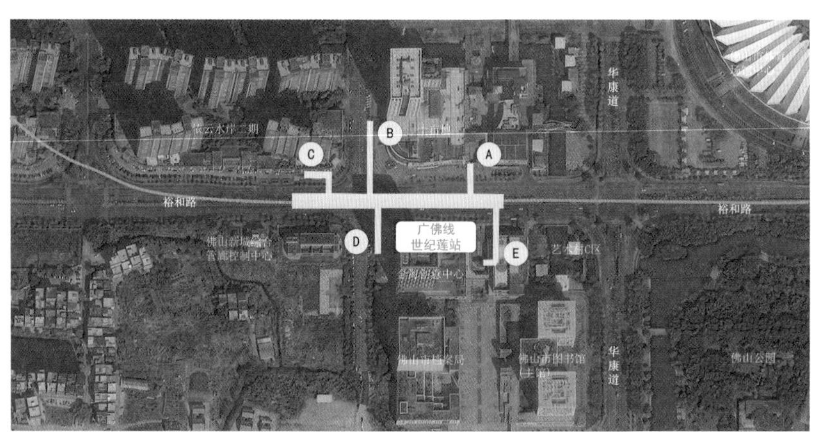

图2.15-2
世纪莲站地理位置

2.15.2 车站定位及环境

世纪莲站位于顺德区裕和路和吉祥道交叉口。周边邻近十亩地购物中心、佛山市图书馆主馆、依云水岸住宅区、世纪莲体育中心、佛山公园和佛山科学馆（图2.15-3～图2.15-7）。周边用地规划主要为商业、住宅和文化设施。

世纪莲站因佛山世纪莲体育中心而得以命名。世纪莲体育中心坐落在东平河畔新城区中心组团佛山公园内，是佛山市的标志性建筑。总面积42hm^2，由体育场、游泳跳水馆、网球中心、训练场和能源中心组成。外形采用新颖、轻巧的索膜结构，像一朵绽放的莲花，因而得名“世纪莲”。

佛山市图书馆主馆位于佛山新城东平河畔，建筑面积4.7万m^2，是全国地级市中规模最大的图书馆。

车站设有5个出入口（图2.15-8），其中：A出入口位于裕和路，可通往十亩地购物中心（图2.15-9），B出入口位于吉祥道，可通往十亩地购物中心、宏鼎大厦、佛山科学馆（图2.15-10）；C出入口位于裕和路，依云水岸住宅区（图2.15-11）；D出入口位于吉祥道，可通往佛山档案局、佛山市图书馆主馆（图2.15-12）；E出入口位于裕和路，可通往佛山市图书馆主馆（图2.15-13）。

图2.15-3　十亩地购物中心

图2.15-4　佛山图书馆主馆

图2.15-5　世纪莲体育中心

图2.15-6　佛山公园

图2.15-7　佛山科学馆

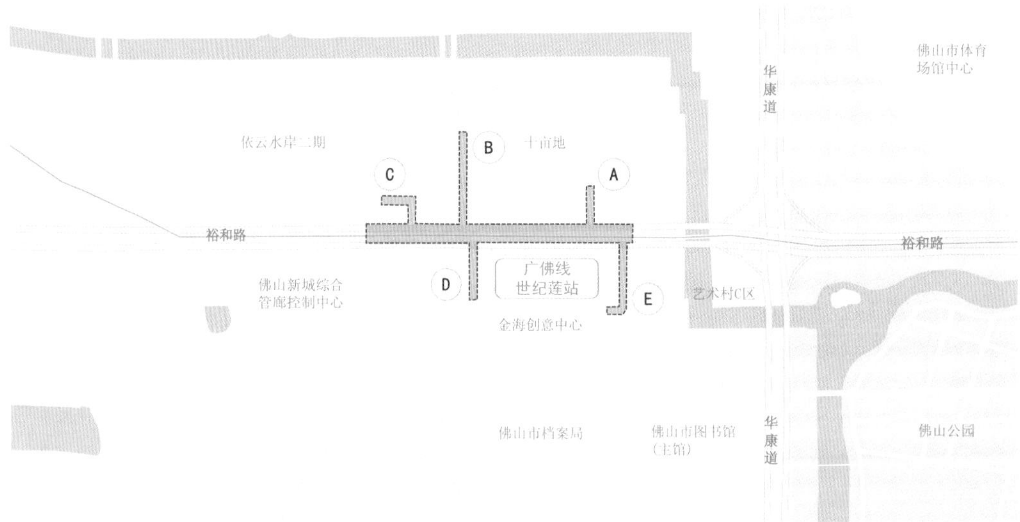

图2.15-8　世纪莲站出入口示意图

图2.15-9　A出入口

图2.15-10　B出入口

图2.15-11　C出入口

图2.15-12　D出入口

图2.15-13　E出入口

2.15.3　车站连通接口

世纪莲站共有4个连通接口（图2.15-14），其中1个是A号连通接口，1个是E号连通接口，另外2个连通接口分别设置在B、D出入口连通地面的通道中，该连通接口标识仅标注可通往十亩地购物中心与金海创意中心，为方便介绍，本书分别命名其为1号连通接口、2号连通接口（按从上到下、从左到右的原则对站厅平面图中的连通接口进行命名）。

本站连通接口的基本情况为：A号连通接口连通十亩地购物中心下沉广场，属于连通下沉广场类型（图2.15-15）；E号连通接口连通金海创意中心下沉广场，属于连通下沉广场类型（图2.15-16）；1号连通接口连通十亩地购物中心，属于连通商业类型（图2.15-17）；2号连通接口连通金海创意中心，属于连通商业类型（图2.15-18）。

本站4个连通接口均位于地铁附属范围，连通接口具体情况见表2.15-1～表2.15-4。

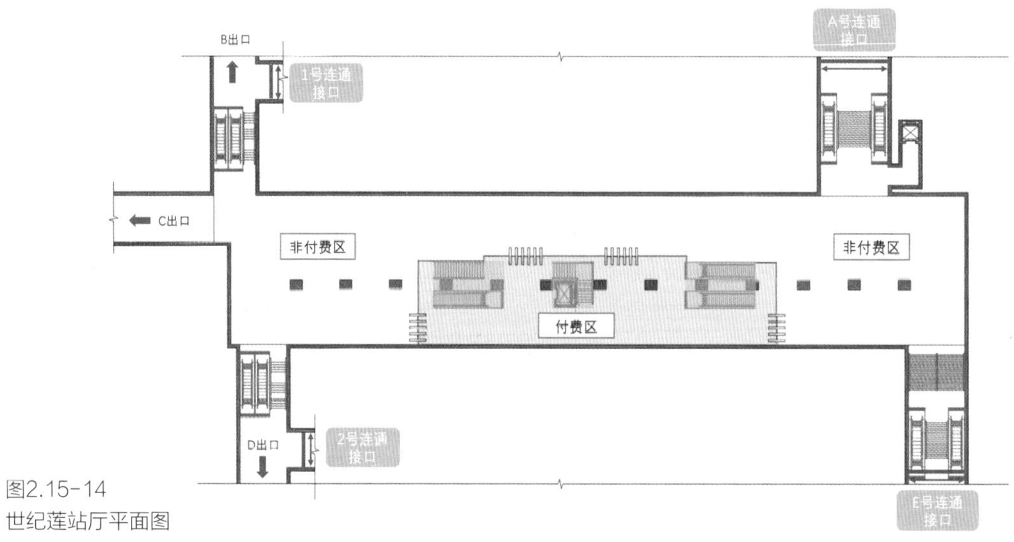

图2.15-14
世纪莲站厅平面图

图2.15-15　A号连通接口

图2.15-16　E号连通接口

图2.15-17　1号连通接口

图2.15-18　2号连通接口

（1）1号连通接口

1号连通接口信息汇总表　　表2.15-1

接口属性	连通位置	地铁出入口通道
	连接物业	十亩地购物中心（商业）
	连接空间形态	地下空间
高差关系	连接形式	非同层连接
	处理形式	台阶
连通接口尺寸	开口宽度（m）	6
	通道长度（m）	2
连通接口附加功能	无	

（2）A号连通接口

A号连通接口信息汇总表　　表2.15-2

接口属性	连通位置	地铁主体站厅
	连接物业	十亩地购物中心下沉广场
	连接空间形态	下沉广场
高差关系	连接形式	非同层连接
	处理形式	台阶与电扶梯
连通接口尺寸	开口宽度（m）	7.2
	通道长度（m）	≥10
连通接口附加功能	无	

（3）2号连通接口

2号连通接口信息汇总表 表2.15-3

接口属性	连通位置	地铁出入口通道
	连接物业	金海创意中心（商业）
	连接空间形态	地下空间
高差关系	连接形式	非同层连接
	处理形式	台阶
连通接口尺寸	开口宽度（m）	4.8
	通道长度（m）	8
连通接口附加功能	无	

（4）E号连通接口

E号连通接口信息汇总表 表2.15-4

接口属性	连通位置	地铁主体站厅
	连接物业	金海创意中心下沉广场
	连接空间形态	下沉广场
高差关系	连接形式	非同层连接
	处理形式	台阶与电扶梯
连通接口尺寸	开口宽度（m）	6
	通道长度（m）	≥10
连通接口附加功能	无	

2.15.4 连通接口附属设施

世纪莲站共4个连通接口，2个连通接口设置3种常规附属设施，包括防火卷帘、防盗卷帘、防淹挡板。2个连通接口设置2种常规附属设施，包括防盗卷帘、防淹挡板（表2.15-5）。

世纪莲站连通接口附属设施设置情况汇总表　　表2.15-5

	防火卷帘	防盗卷帘	防淹挡板	设置顺序
1号连通接口	2	2	2	地铁→防淹挡板→防盗卷帘→防火卷帘→防火卷帘→防盗卷帘→防淹挡板→物业
A号连通接口	0	1	1	地铁→防盗卷帘→防淹挡板→下沉广场
2号连通接口	2	2	2	地铁→防淹挡板→防盗卷帘→防火卷帘→防淹挡板→防火卷帘→防盗卷帘→物业
E号连通接口	0	1	1	地铁→防淹挡板→防盗卷帘→下沉广场

1. 本站连通接口常规附属设施的设置情况

（1）1号连通接口

1号连通接口设置了3种常规附属设施，共6道，分别为：防火卷帘2道，防盗卷帘2道及防淹挡板2道（图2.15-19）。

具体设置位置为：防火卷帘靠近物业侧设置1道，靠近地铁侧设置1道；防盗卷帘靠近物业侧设置1道，靠近地铁侧设置1道；防淹挡板靠近物业侧设置1道，靠近地铁侧设置1道。

（2）A号连通接口

A号连通接口设置了2种常规附属设施，共2道，分别为：防盗卷帘1道及防淹挡板1道（图2.15-20）。

具体设置位置为：防盗卷帘靠近地铁侧设置1道；防淹挡板靠近物业侧设置1道。

（3）2号连通接口

2号连通接口设置了3种常规附属设施，共6道，分别为：防火卷帘2道，防盗卷帘2道及防淹挡板2道（图2.15-21）。

具体设置位置为：防火卷帘靠近物业侧设置1道，靠近地铁侧设置1道；防盗卷帘靠近物业侧设置1道，靠近地铁侧设置1道；防淹挡板靠近物业侧设置1道，靠近地铁侧设置1道。

（4）E号连通接口

E号连通接口设置了2种常规附属设施，共2道，分别为：防盗卷帘1道及防淹挡板1道（图2.15-22）。

具体设置位置为：防盗卷帘靠近物业侧设置1道；防淹挡板靠近地铁侧设置1道。

综上，2个世纪莲站连通接口设置3种常规附属设施，包括：防盗卷帘、防火卷帘及

图2.15-19　1号连通接口侧面正视图

图2.15-20　A号连通接口侧面正视图

图2.15-21　2号连通接口侧面正视图

图2.15-22　E号连通接口侧面正视图

防淹挡板，2个世纪莲站连通接口设置2种常规附属设施，包括：防盗卷帘及防淹挡板。但车站与同一性质空间连通接口的附属设施设置数量、位置、顺序并未统一。

2. 本站连通接口常规附属设施归纳

（1）设置数量

1号连通接口设置2道防火卷帘、2道防盗卷帘及2道防淹挡板，A号连通接口设置1道防盗卷帘及1道防淹挡板，2号连通接口设置2道防火卷帘、2道防盗卷帘及2道防淹挡板，E号连通接口设置1道防盗卷帘及1道防淹挡板。

（2）设置位置

1号连通接口防火卷帘靠近物业侧设置1道，靠近地铁侧设置1道，防盗卷帘靠近物业侧设置1道，靠近地铁侧设置1道，防淹挡板靠近物业侧设置1道，靠近地铁侧设置1道；A号连通接口防盗卷帘靠近地铁侧设置1道，防淹挡板靠近物业侧设置1道；2号连通接口防火卷帘靠近物业侧设置1道，靠近地铁侧设置1道，防盗卷帘靠近物业侧设置1道，靠近地铁侧设置1道，防淹挡板靠近物业侧设置1道，靠近地铁侧设置1道；E号连通接口防盗卷帘靠近物业侧设置1道，防淹挡板靠近地铁侧设置1道。

（3）设置顺序

从地铁站厅进入物业方向，1号连通接口依次设置防淹挡板、防盗卷帘、防火卷帘、防火卷帘、防盗卷帘、防淹挡板；A号连通接口依次设置防盗卷帘、防淹挡板；2号连通接口依次设置防淹挡板、防盗卷帘、防火卷帘、防淹挡板、防火卷帘、防盗卷帘；E号连通接口依次设置防淹挡板、防盗卷帘。

2.15.5 车站小结

（1）世纪莲站共有5个出入口，4个连通接口；其中1、2号连通接口通过连接通道连通商业，属于连通商业类型，A、E号连通接口通过连接通道连通下沉广场，属于连通下沉广场类型。

（2）1、2号连通接口2个连通接口为地铁附属连接商业类型，1、2号连通接口通过连接通道连通商业，且地铁站厅与物业非同层连接，以台阶解决高差；A、E号连通接口2个连通接口为地铁主体连接下沉广场类型，A、E号连通接口通过连接通道连通下沉广场，且地铁站厅与下沉广场非同层连接，以台阶与电扶梯解决高差。

（3）2个世纪莲站连通接口设置3种常规附属设施，包括：防盗卷帘、防火卷帘及防淹挡板，2个世纪莲站连通接口设置2种常规附属设施，包括：防盗卷帘及防淹挡板。但车站与同一性质空间连通接口的附属设施设置数量、位置、顺序并未统一。

1号连通接口设置2道防火卷帘、2道防盗卷帘及2道防淹挡板；A号连通接口设置1道防盗卷帘及1道防淹挡板；2号连通接口设置2道防火卷帘、2道防盗卷帘及2道防淹挡板；E号连通接口设置1道防盗卷帘及1道防淹挡板。

1号连通接口靠近地铁侧与物业侧均设置防火卷帘、防盗卷帘与防淹挡板；A号连通接口靠近地铁侧设置防盗卷帘，靠近物业侧设置防淹挡板；2号连通接口靠近地铁侧与物业侧均设置防火卷帘、防盗卷帘与防淹挡板；E号连通接口靠近物业侧设置防盗卷帘，靠近地铁侧设置防淹挡板。

4个连通接口附属设施设置顺序各不相同，具体顺序见表2.15-6。

世纪莲站连通接口附属设施设置顺序汇总表　　表2.15-6

	设置顺序（从地铁站厅进入物业方向）
1号连通接口	防淹挡板→防盗卷帘→防火卷帘→防火卷帘→防盗卷帘→防淹挡板
A号连通接口	防盗卷帘→防淹挡板
2号连通接口	防淹挡板→防盗卷帘→防火卷帘→防淹挡板→防火卷帘→防盗卷帘
E号连通接口	防淹挡板→防盗卷帘

东平站

2.16 东平站

2.16.1 车站概述

东平站为广佛线和佛山地铁3号线的换乘车站，位于佛山市顺德区裕和路与文华南路交叉路口（图2.16-1、图2.16-2）。车站共有6个出入口，2个连通接口，其中1个连通金海东平广场、下沉广场，另1个连通接口连通金海东平广场，均属于连通商业类型。

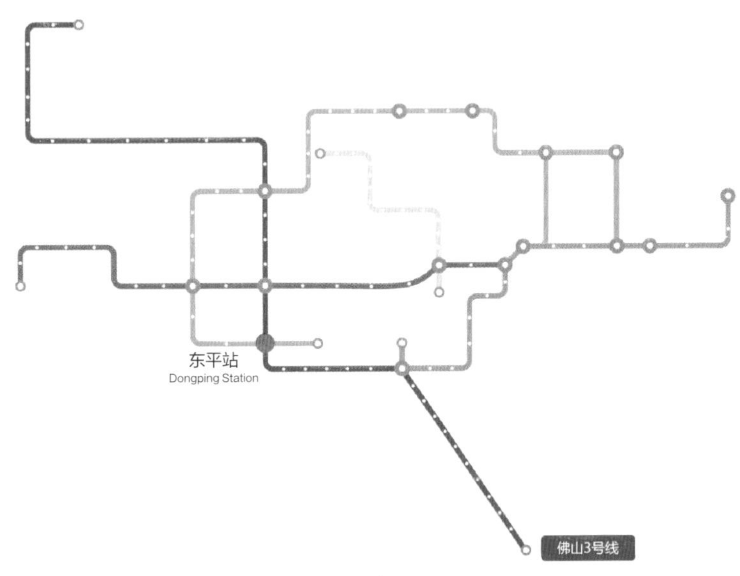

图2.16-1
东平站在线网中的位置

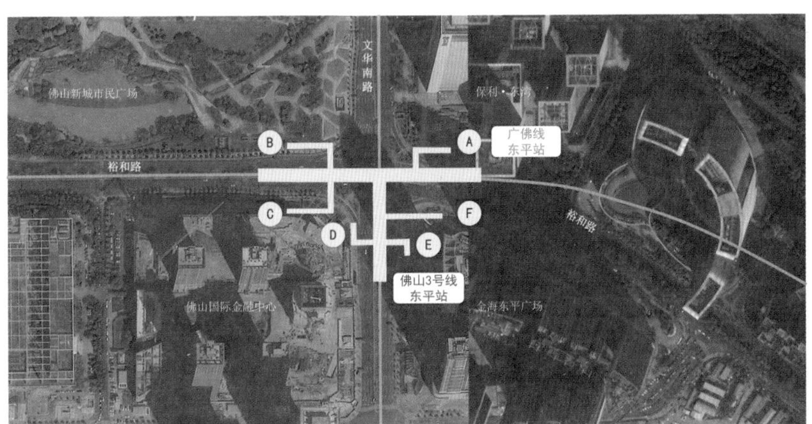

图2.16-2
东平站地理位置

2.16.2 车站定位及环境

东平站位于顺德区佛山新城片区裕和路与文华南路交叉路口。周边邻近佛山东平保利广场、金海东平广场、佛山新城市民广场、保利东湾商务区、佛山国际金融中心（在建）、佛山新闻中心和世纪莲体育中心等（图2.16-3～图2.16-7）。周边用地规划主要为商业与公园。

东平新城又称佛山新城，处于粤港澳大湾区腹地，毗邻佛山新城中心商务区，是佛山市人民政府实行“强中心”战略打造而成的广东工业服务示范区、具有现代岭南特色的中心城区。佛山世纪莲体育中心，是佛山市顺德区的一个体育场馆，曾举行广东省第十二届运动会的开幕仪式。

东平站设有6个出入口（图2.16-8），其中：A出入口位于，可通往保利东湾商务区（图2.16-9），B出入口位于裕和路，可通往佛山新城市民广场（图2.16-10），C出入口位于裕和路，可通往佛山国际金融中心（图2.16-11），D出入口位于文华南路，可通往佛山国际金融中心（在建，图2.16-12），E出入口位于裕和路，可通往金海东平广场（图2.16-13），F出入口位于文华南路，可通往金海东平广场（图2.16-14）。

图2.16-3　佛山新闻中心

图2.16-4　金海东平广场

图2.16-5　东平保利广场

图2.16-6　保利东湾商务区

图2.16-7　世纪莲体育中心

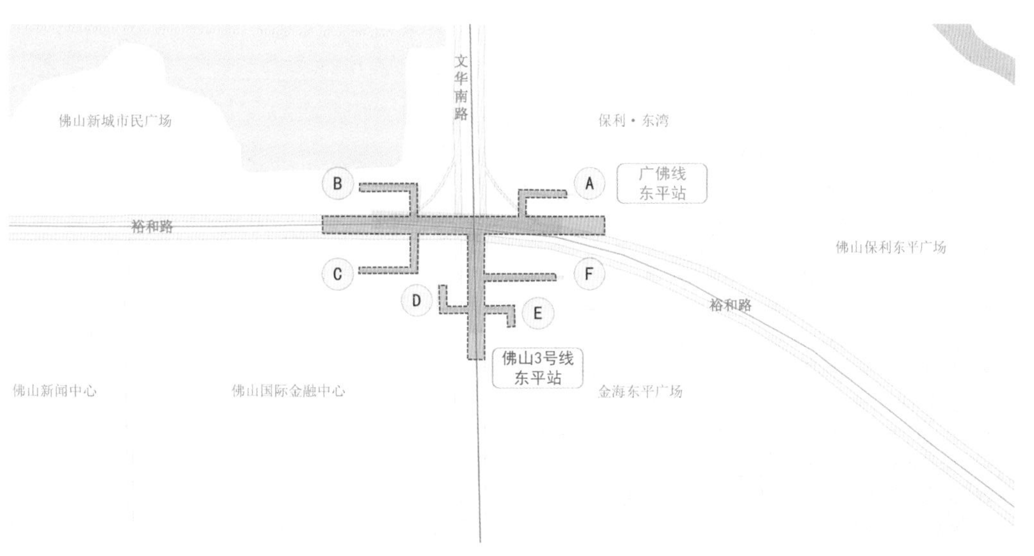

图2.16-8　东平站出入口示意图

图2.16-9　A出入口

图2.16-10　B出入口

图2.16-11　C出入口

图2.16-12　D出入口

图2.16-13　E出入口

图2.16-14　F出入口

2.16.3　车站连通接口

本站连通接口的基本情况为：E号连通接口连通金海东平广场，属于连通商业类型；F号连通接口连通金海东平广场、下沉广场，属于连通商业类型（图2.16-15～图2.16-17）。

本站2个连通接口均位于地铁附属范围，连通接口具体情况见表2.16-1、表2.16-2。

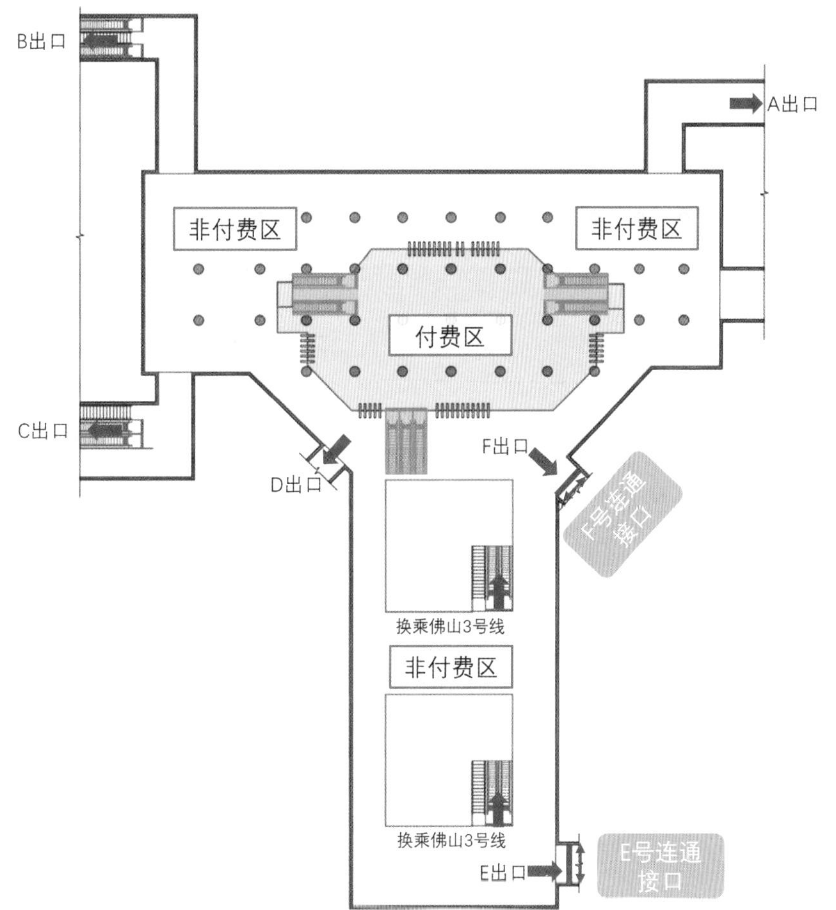

图2.16-15
东平站厅平面图

图2.16-16　E号连通接口

图2.16-17　F号连通接口

（1）E号连通接口

E号连通接口信息汇总表 表2.16-1

接口属性	连通位置	地铁出入口通道
	连接物业	金海东平广场（商业）
	连接空间形态	地下空间
高差关系	连接形式	非同层连接
	处理形式	台阶与电扶梯
连通接口尺寸	开口宽度（m）	4
	通道长度（m）	6
连通接口附加功能	无	

（2）F号连通接口

F号连通接口信息汇总表 表2.16-2

接口属性	连通位置	地铁出入口通道
	连接物业	金海东平广场（商业）
	连接空间形态	地下空间
高差关系	连接形式	非同层连接
	处理形式	台阶与电扶梯
连通接口尺寸	开口宽度（m）	6
	通道长度（m）	≥10
连通接口附加功能	无	

2.16.4 连通接口附属设施

东平站共2个连通接口，连通接口均设置3种常规附属设施，包括防火卷帘、防盗卷帘、防淹挡板（表2.16-3）。

东平站连通接口附属设施设置情况汇总表　　表2.16-3

	防火卷帘	防盗卷帘	防淹挡板	设置顺序
E号连通接口	1	1	1	地铁→防淹挡板→防盗卷帘→防火卷帘→物业
F号连通接口	2	2	1	地铁→防淹挡板→防盗卷帘→防火卷帘→防火卷帘→防盗卷帘→下沉广场

1. 本站连通接口常规附属设施的设置情况

（1）E号连通接口

E号连通接口设置了3种常规附属设施，共3道，分别为：防火卷帘1道，防盗卷帘1道及防淹挡板1道（图2.16-18）。

具体设置位置为：防火卷帘靠近地铁侧设置1道；防盗卷帘靠近地铁侧设置1道；防淹挡板靠近地铁侧设置1道。

（2）F号连通接口

F号连通接口设置了3种常规附属设施，共5道，分别为：防火卷帘2道，防盗卷帘2道及防淹挡板1道（图2.16-19）。

具体设置位置为：防盗卷帘靠近地铁侧设置1道，靠近物业侧设置1道；防火卷帘靠近地铁侧设置2道设置在2道防盗卷帘之间；防淹挡板靠近地铁侧设置1道。

综上，东平站连通接口通常设置3种常规附属设施，包括：防盗卷帘、防火卷帘及防淹挡板，但车站与同一性质空间连通接口的附属设施设置数量、位置、顺序并未统一。

图2.16-18　E号连通接口侧面

图2.1-19　F号连通接口侧面

2. 本站连通接口常规附属设施归纳

（1）设置数量

E号连通接口设置1道防火卷帘、1道防盗卷帘及1道防淹挡板，F号连通接口设置2道防火卷帘、2道防盗卷帘及1道防淹挡板。

（2）设置位置

E号连通接口防火卷帘靠近地铁侧设置1道，防盗卷帘靠近地铁侧设置1道，防淹挡板靠近地铁侧设置1道；F号连通接口防盗卷帘靠近物业侧与地铁侧各设置1道，防火卷帘靠近地铁侧设置2道，且设置在2道防盗卷帘之间，防淹挡板靠近地铁侧设置1道。

（3）设置顺序

从地铁站厅进入物业方向，E号连通接口依次设置防淹挡板、防盗卷帘、防火卷帘，F号连通接口依次设置防淹挡板、防盗卷帘、防火卷帘、防火卷帘、防盗卷帘。

2.16.5 车站小结

（1）东平站共有6个出入口，2个连通接口，其中E号连通接口通过连接通道连通商业，属于连通商业类型，F号口通过连接通道连通商业和下沉广场，属于连通商业类型。

（2）2个连通接口均为地铁附属连接商业类型，其中E号连通接口通过连接通道连通商业，且地铁站厅与物业非同层连接，以台阶与电扶梯解决高差；F号连通接口通过连接通道连通商业，且地铁站厅与商业非同层连接，以台阶与电扶梯解决高差。

（3）东平站连通接口通常设置3种常规附属设施，包括：防盗卷帘、防火卷帘及防淹挡板，但车站与同一性质空间连通接口的附属设施设置数量、位置、顺序并未统一。

E号连通接口设置1道防火卷帘、1道防盗卷帘及1道防淹挡板，F号连通接口设置2道防火卷帘、2道防盗卷帘及1道防淹挡板。

E号连通接口靠近地铁侧设置防火卷帘、防盗卷帘与防淹挡板；F号连通接口靠近地铁侧与物业侧均设置防盗卷帘，靠近地铁侧设置防火卷帘和防淹挡板。

2个连通接口附属设施设置顺序各不相同，具体顺序见表2.16-4。

东平站连通接口附属设施设置顺序汇总表　　表2.16-4

	设置顺序（从地铁站厅进入物业方向）
E号连通接口	防淹挡板→防盗卷帘→防火卷帘
F号连通接口	防淹挡板→防盗卷帘→防火卷帘→防火卷帘→防盗卷帘

石湾站

2.17 石湾站

2.17.1 车站概述

佛山地铁2号线石湾站位于佛山市禅城区石湾镇街道和平路与镇中路交接处。车站共有4个出入口，1个连通接口，其连通接口连通石湾文化广场，属于连通下沉广场类型（图2.17-1、图2.17-2）。

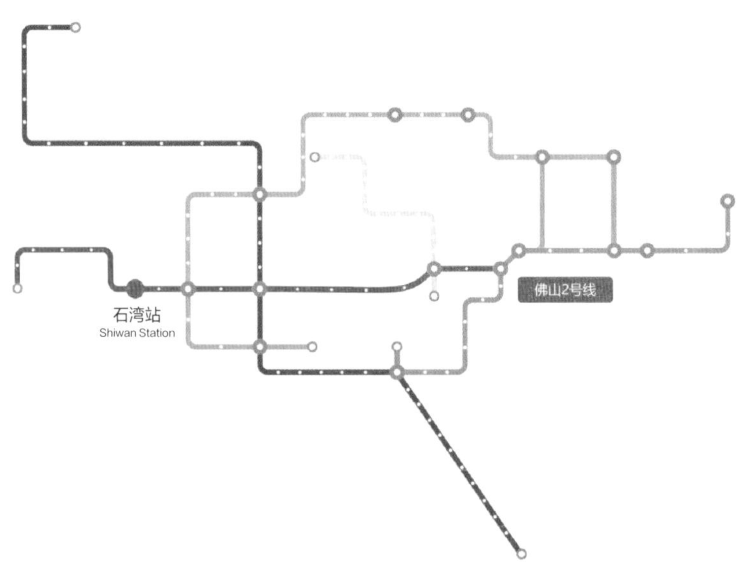

图2.17-1
石湾站在线网中的位置

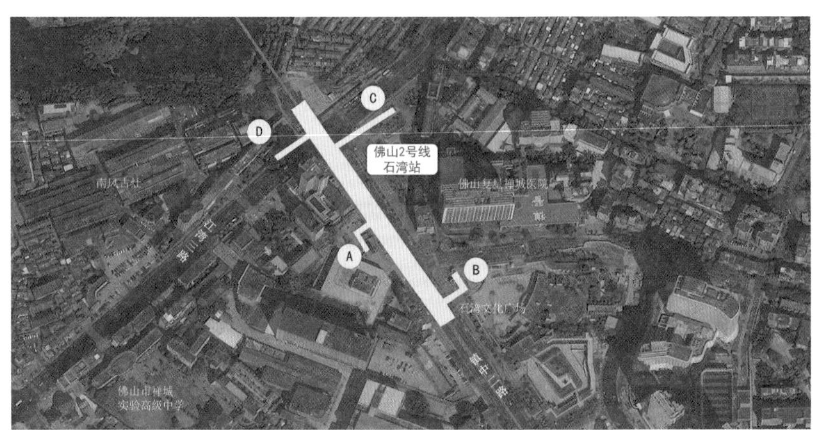

图2.17-2
石湾站地理位置

2.17.2 车站定位及环境

石湾站位于禅城区石湾镇街道和平路与镇中路交接处，车站西北侧是C25铁桶先锋广场（图2.17-3）与石湾公园（图2.17-4），东北到东南侧分别是和平公园（图2.17-5）、佛山复星禅城医院（图2.17-6）与石湾文化广场（图2.17-7）。周边用地规划主要为医疗、文化和公园绿地。

石湾镇南主河道东平河淤泥中丰富的金属成分与贝壳、蚝壳、蚬壳和稻草灰、桑枝灰等可制成釉料，为制陶生产提供了重要的原材料。石湾陶瓷从日用陶瓷到美术陶瓷、园林陶瓷的发展过程，始终伴随着岭南人民的生产生活，是中国民窑代表之一。

石湾镇是全世界最重要的建陶产销区，本站在设计上结合地区的陶瓷文化，在站厅层的厅顶采用特色金属“瓦瓷”进行装饰（图2.17-8）。同时，地铁站厅层布局两座由广东石湾陶瓷博览馆布局的3D全息投影流动博物馆展示各种陶瓷艺术品，更在付费区内设置了一幅长26m、宽1.7m的“石湾古八景”文化墙（图2.17-9）展示石湾镇的文化特色和底蕴。

车站设有4个出入口（图2.17-10），其中：A出入口位于镇中二路，可通往石湾古镇文创园（图2.17-11）；B出入口位于石湾文化广场负一层处（图2.17-12）；C出入口位

图2.17-3 C25铁桶先锋广场

图2.17-4 石湾公园

图2.17-5 和平公园

图2.17-6 佛山复星禅城医院

图2.17-7　石湾文化广场

图2.17-8　站厅天花

图2.17-9　石湾古八景

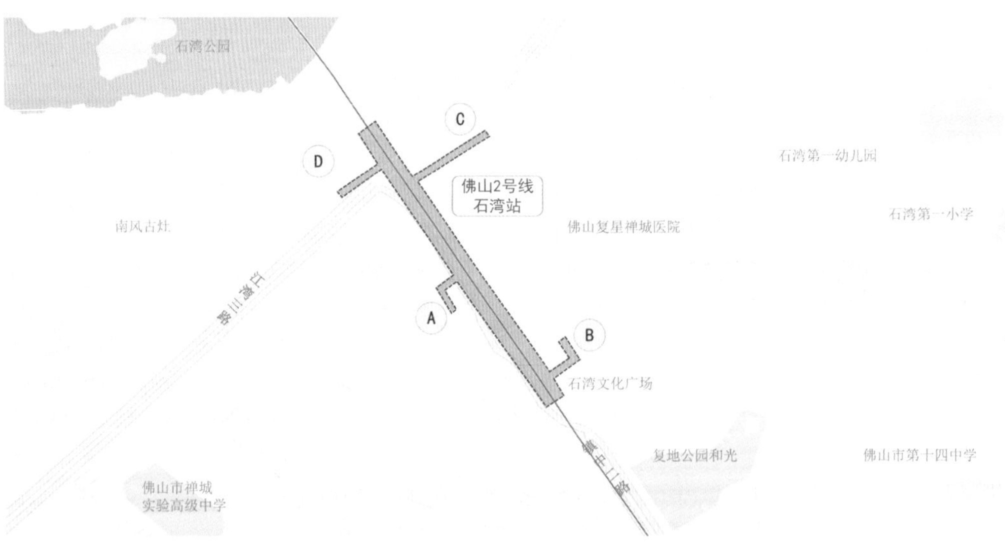

图2.17-10　石湾站出入口示意图

于和平路南侧，可通往禅城区中心医院（图2.17-13）；D出入口位于和平路北侧，可通往石湾公园、南风古灶等（图2.17-14）。

图2.17-11　A出入口

图2.17-12　B出入口

图2.17-13　C出入口

图2.17-14　D出入口

2.17.3　车站连通接口

石湾站连通接口设置在B出入口连通地面的通道中（图2.17-15），该连通接口标识仅标注可通往石湾文化广场。为方便介绍，本书命名其为1号连通接口。

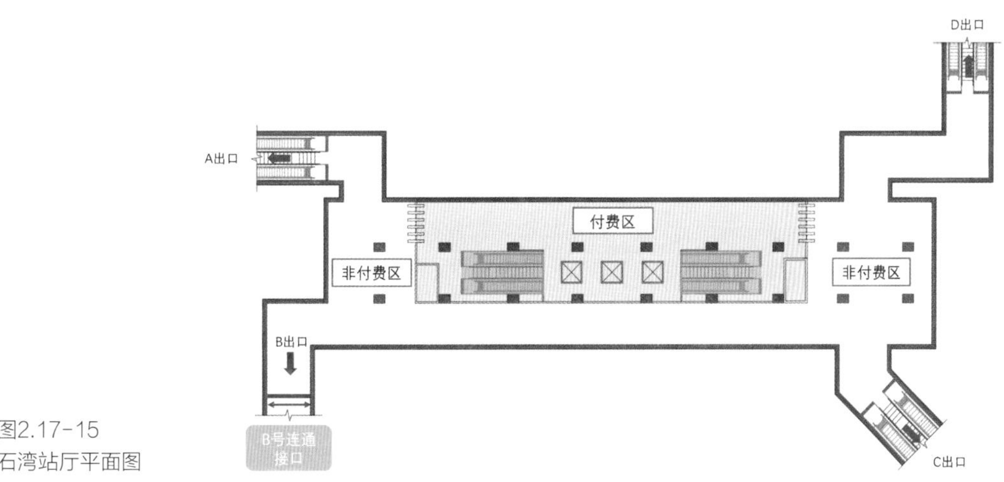

图2.17-15
石湾站厅平面图

图2.17-16　1号连通接口

本站连通接口的基本情况为：1号连通接口连通石湾文化广场，属于连通下沉广场类型（图2.17-16）。

本站1个连通接口位于地铁附属范围，连通接口具体情况见表2.17-1。

1号连通接口信息汇总表　　表2.17-1

接口属性	连通位置	地铁出入口通道	
	连接物业	石湾文化广场（下沉广场）	
	连接空间形态	下沉广场	
高差关系	连接形式	同层连接	
	处理形式	坡道、台阶及电扶梯	
连通接口尺寸	开口宽度（m）	6.4	
	通道长度（m）	≥10	
连通接口附加功能	无		

2.17.4 连通接口附属设施

石湾站共1个连通接口，连通接口设置2种常规附属设施，包括防盗卷帘与防淹挡板（表2.17-2）。

石湾站连通接口附属设施设置情况汇总表　　表2.17-2

	防火卷帘	防盗卷帘	防淹挡板	设置顺序
1号连通接口	0	1	1	地铁→防淹挡板→防盗卷帘→下沉广场

本站连通接口常规附属设施的设置情况为：

1号连通接口设置了2种常规附属设施，共2道，分别为：防盗卷帘1道与防淹挡板1道（图2.17-17）。

具体设置位置为：防盗卷帘靠近地铁侧设置1道；防淹挡板靠近地铁侧设置1道。

图2.17-17　1号连通接口侧面图

综上，石湾站连通接口通常设置2种常规附属设施，包括：防盗卷帘和防淹挡板。

（1）设置数量

1号连通接口设置1道防盗卷帘与1道防淹挡板。

（2）设置位置

1号连通接口防盗卷帘与防淹挡板靠近地铁侧各设置1道。

（3）设置顺序

从地铁站厅进入物业方向，1号连通接口依次设置防淹挡板、防盗卷帘。

2.17.5 车站小结

（1）石湾站共有4个出入口，1个连通接口；1个连通接口通过连接通道连通下沉广场，属于连通下沉广场类型。

（2）1个连通接口为地铁主体连接下沉广场类型，1号连通接口通过连接通道连通下沉广场，且地铁站厅与下沉广场同层连接，以坡道、台阶及电扶梯解决高差。

（3）石湾站连通接口通常设置2种常规附属设施，包括：防盗卷帘和防淹挡板。

1号连通接口设置1道防盗卷帘与1道防淹挡板。

1号连通接口靠近地铁侧设置防盗卷帘与防淹挡板。

1个连通接口附属设施设置顺序见表2.17-3。

石湾站连通接口附属设施设置顺序汇总表　　表2.17-3

设置顺序（从地铁站厅进入物业方向）	
1号连通接口	防淹挡板→防盗卷帘

金融高新区站

2.18 金融高新区站

2.18.1 车站概述

广佛线金融高新区站位于佛山市南海区海八路与桂澜路交叉口。车站共有2个地面出入口，2个连通接口，其中1个连通接口连通金融高新区公交总站，属于连通公共停车场类型；另1个连通接口连通地铁金融城广场，属于连通商业类型（图2.18-1、图2.18-2）。

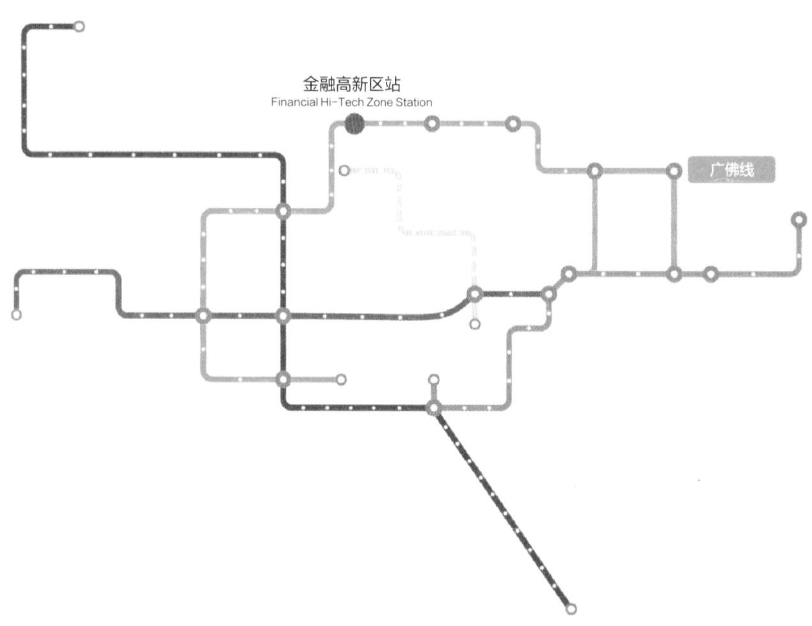

图2.18-1
金融高新区站在线网中的位置

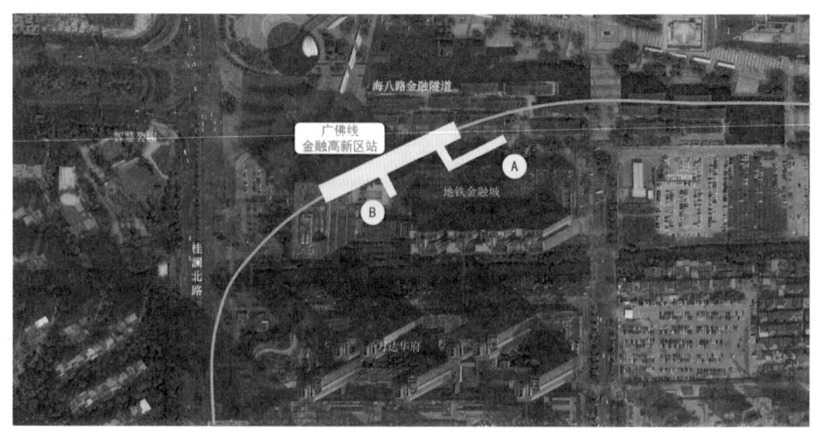

图2.18-2
金融高新区站地理位置

2.18.2 车站定位及环境

金融高新区站位于海八路与桂澜路交叉口，坐落在千灯湖片区、广佛都市圈核心区。周边邻近佛山南海万达广场、新凯广场、佛山南海金融公园、金融城云创大厦与智慧公园、万达华府和保利花园住宅区。周边用地规划主要为商业、住宅及公园绿地。

地铁金融城是连接广佛中轴线走廊的核心门户，独拥金融高新区未来的商务氛围和环境优美的千灯湖居住区（图2.18-3）。南海万达广场是南海城市新地标，功能上集大型商业中心、商业步行街、甲级写字楼、SOHO公寓、高档住宅等于一体（图2.18-4）。新凯广场位于万达广场南侧，是集商业购物、餐饮娱乐、金融办公等多需求于一体的大型城市综合体（图2.18-5）。南海金融公园以“千帆竞渡，百舸争流”为主题，打造城市共享活动中心（图2.18-6）。

车站设有2个地面出入口（图2.18-7），其中：A出入口位于地铁金融城北侧，可通往佛山南海金融公园（图2.18-8）；B出入口位于地铁金融城内，可通往金融高新区公交总站（图2.18-9）。

金融高新区公交总站位于地铁金融城综合体首层，与B出入口相隔一条走廊。

图2.18-3　地铁金融城

图2.18 4　万达广场

图2.18-5　新凯广场

图2.18-6　南海金融公园

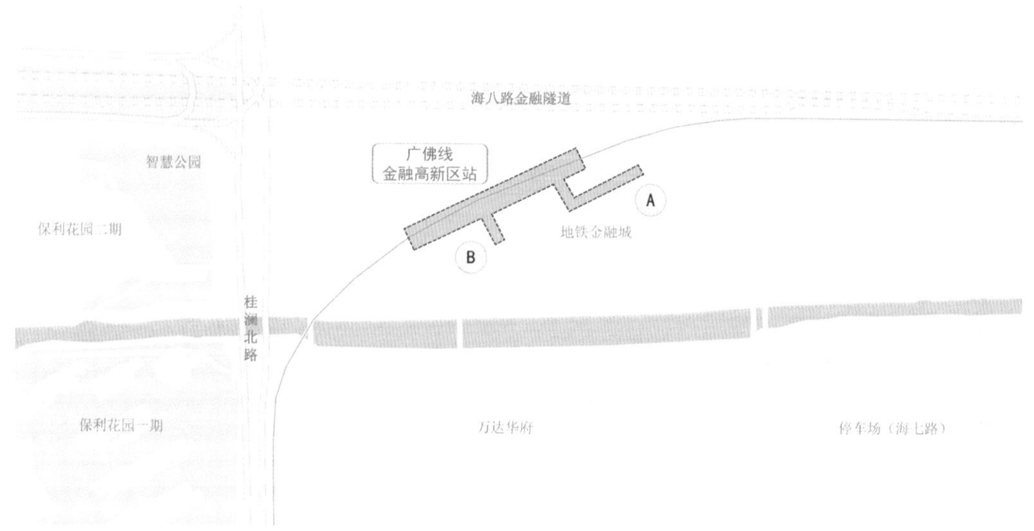

图2.18-7　金融高新区站出入口示意图

图2.18-8　A出入口

图2.18-9　B出入口

2.18.3　车站连通接口

金融高新区站共有2个连通接口，其中B号连通接口连通金融高新区公交总站停车场，另1个连通接口设置在B出入口旁，该连通接口标识仅标注可通往地铁金融城广场（图2.18-10）。为方便介绍，本书命名其为1号连通接口。

本站连通接口的基本情况为：B号连通接口连通金融高新区公交总站停车场，属于连通公共停车场类型（图2.18-11～图2.18-13）；1号连通接口连通地铁金融城广场，属于连通商业类型（图2.18-14）。

本站2个连通接口均位于地铁附属范围，连通接口具体情况见表2.18-1、表2.18-2。

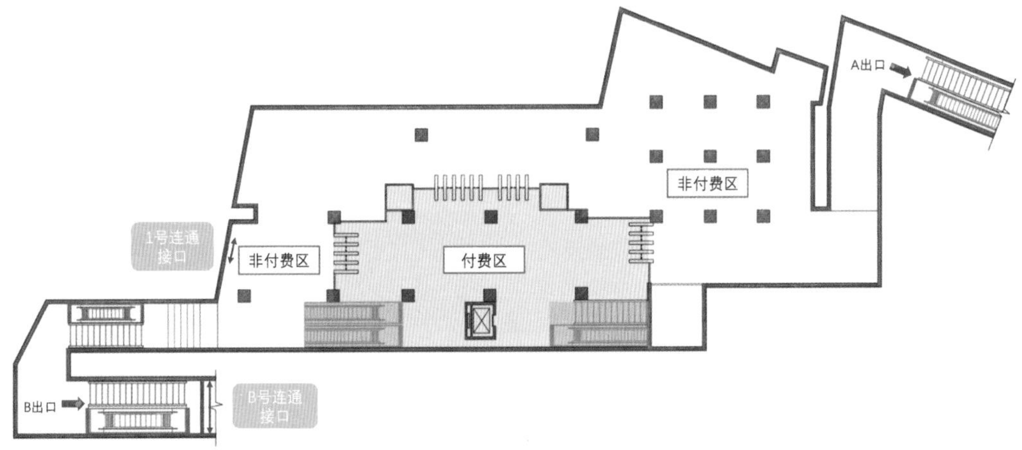

图2.18-10　金融高新区站厅平面图

图2.18-11　B号连通接口

图2.18-12　B号连通接口与停车场之间的通廊

图2.18-13　公交站场与B号连通接口空间关系

图2.18-14　1号连通接口

（1）B号连通接口

B号连通接口信息汇总表　　表2.18-1

接口属性	连通位置	地铁出入口通道
	连接物业	金融高新区公交总站 （公共停车场）
	连接空间形态	半室外空间
高差关系	连接形式	非同层连接
	处理形式	台阶与电扶梯
连通接口尺寸	开口宽度（m）	6
	通道长度（m）	≥10
连通接口附加功能	无	

（2）1号连通接口

1号连通接口信息汇总表　　表2.18-2

接口属性	连通位置	地铁主体
	连接物业	地铁金融城广场 （商业）
	连接空间形态	地下空间
高差关系	连接形式	同层连接
	处理形式	台阶与电扶梯
连通接口尺寸	开口宽度（m）	7.2
	通道长度（m）	1
连通接口附加功能	无	

2.18.4 连通接口附属设施

金融高新区站共2个连通接口，1个连通接口设置3种常规附属设施，包括防火卷帘、防盗卷帘、防淹挡板；1个连通接口设置2种常规附属设施，包括防盗卷帘、防淹挡板（表2.18-3）。

金融高新区站连通接口附属设施设置情况汇总表　　表2.18-3

	防火卷帘	防盗卷帘	防淹挡板	设置顺序
B号连通接口	0	1	1	地铁→防盗卷帘→防淹挡板→公共停车场
1号连通接口	1	1	2	地铁→防淹挡板→防火卷帘→防盗卷帘→防淹挡板→商业

1. 本站连通接口常规附属设施的设置情况

（1）B号连通接口

B号连通接口设置了2种常规附属设施，共2道，分别为：防盗卷帘1道及防淹挡板1道（图2.18-15）。

具体设置位置为：防盗卷帘靠近地铁侧设置1道；防淹挡板靠近地铁侧设置1道。

（2）1号连通接口

1号连通接口设置了3种常规附属设施，共4道，分别为：防火卷帘1道、防盗卷帘1道及防淹挡板2道（图2.18-16）。

具体设置位置为：防火卷帘靠近地铁侧设置1道；防盗卷帘靠近物业侧设置1道；防淹挡板靠近物业侧设置1道，靠近地铁侧设置1道。

图2.18-15　B号连通接口侧面

图2.18-16　1号连通接口侧面正视图

综上，金融高新区站B号连通接口设置2种常规附属设施，包括：防盗卷帘及防淹挡板，1号连通接口设置3种常规附属设施，包括：防火卷帘、防盗卷帘及防淹挡板。车站与同一性质空间连通接口的附属设施设置数量、位置、顺序并未统一。

2. 本站连通接口常规附属设施归纳

（1）设置数量

B号连通接口设置1道防盗卷帘及1道防淹挡板，1号连通接口设置1道防火卷帘、1道防盗卷帘及2道防淹挡板。

（2）设置位置

B号连通接口防盗卷帘靠近地铁侧设置1道，防淹挡板靠近地铁侧设置1道；1号连通接口防火卷帘靠近地铁侧设置1道，防盗卷帘靠近物业侧设置1道，防淹挡板靠近物业侧设置1道，靠近地铁侧设置1道。

（3）设置顺序

从地铁站厅进入物业方向，B号连通接口依次设置防盗卷帘、防淹挡板，1号连通接口依次设置防淹挡板、防火卷帘、防盗卷帘、防淹挡板。

2.18.5 车站小结

（1）金融高新区站共有2个地面出入口，2个连通接口，其中B号连通接口通过连接通道连通公交总站，属于连通公共停车场类型，1号连通接口通过连接通道连通商业，属于连通商业类型。

（2）1个连通接口为地铁附属连接公共停车场类型，B号连通接口通过连接通道连通公共停车场，且地铁站厅与公共停车场非同层连接，以电扶梯与台阶解决高差；1个连通接口为地铁主体连接商业类型，1号连通接口通过连接通道连通商业，且地铁站厅与商业同层连接，以台阶与电扶梯解决高差。

（3）金融高新区站共2个连通接口，1个连通接口设置3种常规附属设施，包括防火卷帘、防盗卷帘、防淹挡板；1个连通接口设置2种常规附属设施，包括防盗卷帘、防淹挡板。

B号连通接口设置1道防盗卷帘及1道防淹挡板，1号连通接口设置1道防火卷帘、1道防盗卷帘及2道防淹挡板。

B号连通接口靠近地铁侧设置防盗卷帘与防淹挡板；1号连通接口防火卷帘靠近地铁侧设置，防盗卷帘靠近物业侧设置，防淹挡板靠近物业侧设置，靠近地铁侧设置。

2个连通接口附属设施设置顺序各不相同，具体顺序见表2.18-4。

金融高新区站连通接口附属设施设置顺序汇总表 表2.18-4

	设置顺序（从地铁站厅进入物业方向）
B号连通接口	防盗卷帘→防淹挡板
1号连通接口	防淹挡板→防火卷帘→防盗卷帘→防淹挡板

总结 3

3.1 连通接口总结

3.1.1 与地铁连通的空间类型总结

依据目前广佛轨道交通规划与建设情况，与地铁连通的空间按所有权属性及功能主要分为三类，分别为商业、下沉广场和公共停车场。每种空间有其相应功能特点，也提供了高效便捷、丰富变化的步行空间。针对广佛地区地铁连通商业、下沉广场与公共停车场3种类型进行分析总结（图3.1-1）。

本次共调研分析了8条广州地铁线路、4条佛山地铁线路，共计18个地铁站点，其中有47个地铁连通接口与商业连通，6个地铁连通接口与下沉广场连通，1个地铁连通接口与公共停车场连通。

在调研的18个车站中存在单个车站连通多个物业的情况，其中体育中心站连通多个商业空间，万胜围站连通1个商业空间与1个下沉广场空间，金融高新区站连通1个商业空间与1个公共停车场空间。

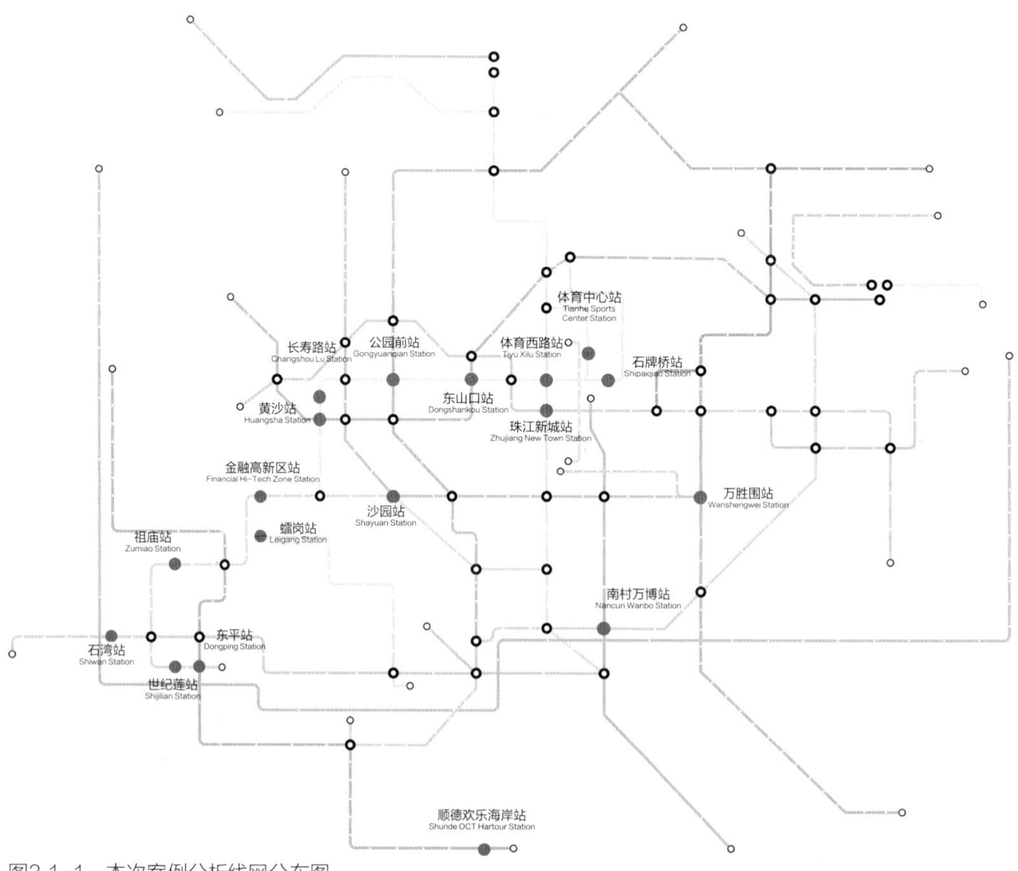

图3.1-1　本次案例分析线网分布图

18个车站的连通接口相关数据信息总结如下：

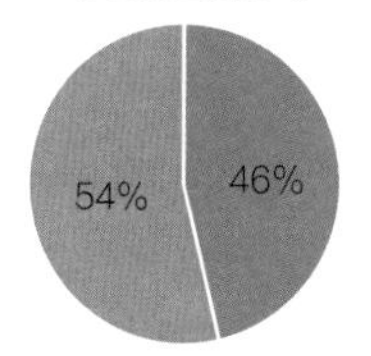

图3.1-2　与地铁连接方式

1. 与地铁连接方式

与地铁连通方式主要分为两种，一种为连接车站主体，另一种为连接车站附属（图3.1-2）。

其中连接车站主体的连通接口有25个，占46%；连接车站附属的连通接口有29个，占54%。

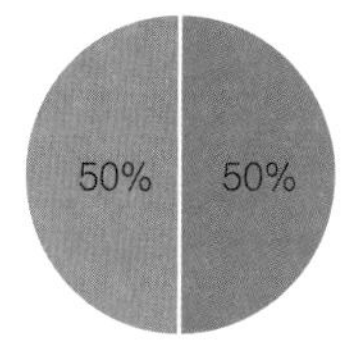

图3.1-3　与地铁的垂直关系

2. 与地铁的垂直关系

物业与地铁连通的垂直关系主要分为两种，一种为非同层连接，另一种为同层连接（图3.1-3）。

其中与地铁非同层连接的连通接口有27个，占50%；与地铁同层连接的连通接口有27个，占50%。

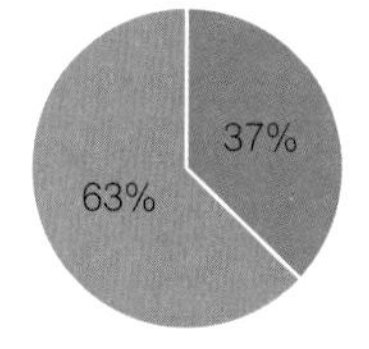

图3.1-4　非同层连接高差处理

其中，非同层连接的高差处理方式主要分为两种：（1）有台阶；（2）有台阶与电扶梯（图3.1-4）。

其中有台阶的连通接口有10个，占37%；有台阶与电扶梯的连通接口有17个，占63%。

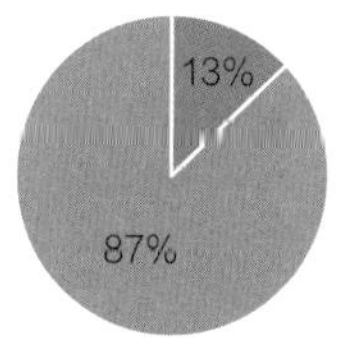

图3.1-5　外部空间形态

3. 外部空间形态

连接外部空间形态主要分为两种：（1）半室外空间；（2）纯地下空间（图3.1-5）。

其中，连接半室外空间的连通接口有7个，占13%；连接纯地下空间的连通接口有47个，占87%。

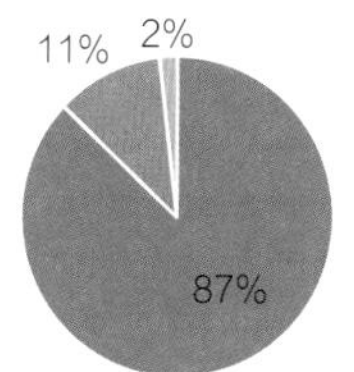

图3.1-6　地下空间连接物业类型

地下空间连接物业类型主要分为三种：（1）下沉广场；（2）商业；（3）公共停车场（图3.1-6）。

其中，连接下沉广场有6个，占11%；接商业有49个，占87%；接公共停车场有1个，占2%。

地铁连通接口连通商业、下沉广场和公共停车场3种空间类型特点总结如下：

（1）连通商业

在调研过程中有黄沙站、东山口站、长寿路站、公园前站、珠江新城站、南村万博站、体育中心站、石牌桥站、体育西路站、祖庙站、蠕岗站、顺德欢乐海岸站共16个车站有连通接口属于连通接口连接商业类型，连通接口数量一般多于或等于2个，连通接口宽度一般为4～10m，其中最宽12.8m、最窄2.8m。连接通道宽度一般为6m。

地铁车站内较短的连接通道直接连通商业可达性、可见性较高，利于地铁引流、周边商业价值提升，且方便乘客出行。

①地铁层面：连通接口既可减少地铁车站出入口单独设置的造价，也为车站输入大量客流并提供引流导向，避免地铁人流聚集。

②商业层面：通过地铁大量客流输入，大幅度提高商业的经济效益，促进商业发展。

③乘客层面：可较快找到商业综合体的入口并进入商业内，极大地缩短了寻路和步行的时间，但人流量大的时候容易形成堵塞。

（2）连通下沉广场

在调研过程中有沙园站、万胜围站、世纪莲站、东平站、石湾站共5个车站属于连通接口连接下沉广场类型，连通接口数量一般为1个，连通接口宽度一般为6～10m，其中最宽10.4m、最窄5m。连接通道宽度一般为6m。

地铁车站连通下沉广场有效融合地上地下空间，营造独特环境氛围，空间形态有利于促进步行者驻足停留，进而进行交往活动；其空间具有开放性，与室外环境相通，引入自然阳光再配以休闲景观小品等，可以提高空间品质、增强空间层次感。

①地铁层面：既给地铁车站的交通集散提供了空间，同时地铁车站的人流也给商业区域增加了竞争力。

②广场层面：连通接口吸引人流汇聚人气，将“客流”变成“客留”，促进商业发展。

③乘客层面：减缓对地下空间的心理压力，并且利于在消防时快速疏散人群。

（3）连通公共停车场

在调研过程中有金融高新区站共1个车站属于连通接口连接公共停车场类型，连通接口数量为2个，其中1个连通接口连接公共停车场，连通接口宽度为5m。连接通道宽度为5m。

地铁车站连通公共停车场落实P+R（Park and Ride，即换乘停车场）换乘升级、缓解城市交通拥堵、减少排放，与各种出行方式相互补充、上下承接，营造便捷、高效的出行氛围、实现便捷换乘。

①地铁层面：连通接口让公共交通“无缝衔接”，使换乘更为便利。

②乘客层面：为市民提供地铁换乘、公交换乘等多种“绿色出行”的便利。

3.1.2 附属设施总结

连通接口常规附属设施包括有防火卷帘、防盗卷帘、防淹挡板及人防门（图3.1-7）。

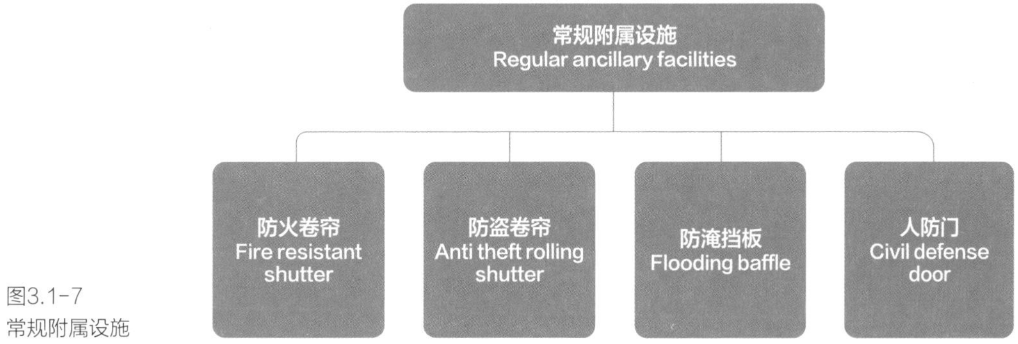

图3.1-7
常规附属设施

1. 连通接口附属设施——防火卷帘（图3.1-8）

根据《地铁设计防火标准》GB 51298—2018第4.1.6条规定，连接通道内应设置2道分别由地铁和商业等非地铁功能的场所控制且耐火极限均不低于3.00h的防火卷帘。

地铁车站采用“SWFJ双轨无机纤维复合特级防火卷帘”满足要求。

2. 连通接口附属设施——防盗卷帘（图3.1-9）

根据《佛山市建筑物连通地铁车站管理办法》第2.2.1条规定，连通项目管理界面责任分界点为靠近地铁侧的防盗卷帘。

防盗卷帘具有安全防盗、通风透气等效果。

图3.1-8 防火卷帘

图3.1-9 防盗卷帘

3. 连通接口附属设施——防淹挡板（图3.1-10）

根据《地铁设计规范》GB 50157—2013第9.5.4要求地下车站出入口、消防专用出入口和无障碍电梯的地面标高，应高出室外地面300~450mm，并应满足当地防淹要求。当无法满足时，应设防淹闸槽，槽高可根据当地最高积水位确定。

佛山地铁技术要求采用组合式防淹挡板，每片挡板长度≤3m，开口宽度>5m时需要设可拆卸中柱；若单片挡水板长度过长时，需要设置三角斜撑。

4. 连通接口附属设施——人防门（图3.1-11）

根据《轨道交通工程人民防空设计规范》要求，且结合地铁站实际设防等级等限制因素，需设置一道钢结构防护密闭门。

地铁连通接口常用伪装式人防门，需要装修做可拆卸墙板及地坎封堵，战时可拆卸不影响人防门关闭。

根据《轨道交通工程人民防空设计规范》RFG 02—2009要求，且结合地铁站实际设防等级等限制因素，需设置一道钢结构防护密闭门。

地铁连通接口常用伪装式人防门，需要装修做可拆卸墙板及地坎封堵，战时可拆卸不影响人防门关闭。

图3.1-10　防淹挡板

图3.1-11　人防门

通过对案例与规范的分析，总结接口设施设置原则，其中防火卷帘、防盗卷帘、防淹挡板为标准配置，人防门为选择配置（图3.1-12）。

通过分析广佛地区18个地铁车站连通接口的设施设置情况，总结出连通接口常规附属设施有4个类型：防火卷帘、防盗卷帘、防淹挡板、人防门。

其中防火卷帘及防盗卷帘需按照《地铁设计防火标准》GB 51298—2018及《佛山市建筑物连通地铁车站管理办法》各设置2道，防淹挡板通过分析既有案例，建议设置2道，人防门为保障地铁防护单元完整性，单独设1道即可。

连通接口常规附属设施有4个类型：防火卷帘、防盗卷帘、防淹挡板、人防门，其中连

图3.1-12
接口设施布置原则

通接口需设置2道防火卷帘、2道防盗卷帘、2道防淹挡板；当连通接口与地铁主体连接时需设置1道防护密闭门（图3.1-13）。

而为确保地铁设施均在地铁与物业各自运营维护范围内，以防盗卷帘为界划分运营维护范围，并建议防火卷帘设置在防盗卷帘外侧，具体设施设置顺序建议为“非地铁功能的场所→防淹挡板→防火卷帘→防盗卷帘→防盗卷帘→防火卷帘→防淹挡板→地铁”（图3.1-14）。

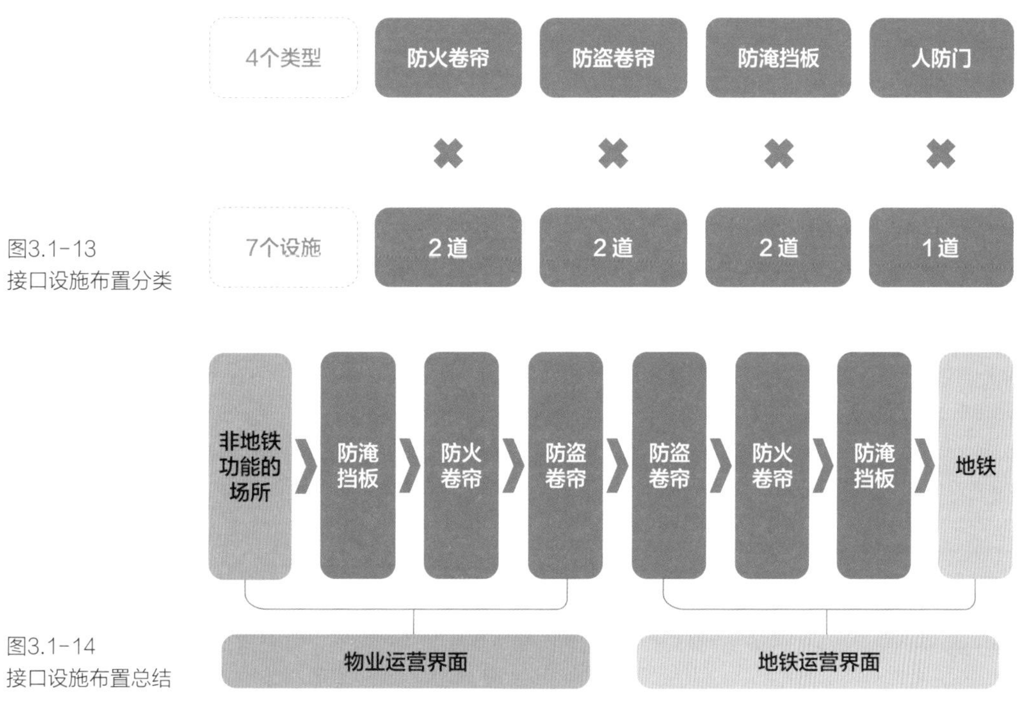

图3.1-13
接口设施布置分类

图3.1-14
接口设施布置总结

3.2 其他思考

3.2.1 连通接口规范分析

2018年国家出台的《地铁设计防火标准》GB 51298—2018明确地铁与物业连通接口的相关要求，连通接口相关规范《地铁设计防火标准》GB 51298—2018表明:

4 建筑的耐火等级与防火分隔

4.1 一般规定

4.1.6 在站厅公共区同层设置的商业等非地铁功能的场所，应采用防火墙与站厅公共区进行分隔。相互间宜采用下沉广场或连接通道等方式连通，不应直接连通。

下沉广场的宽度不应小于13m；连接通道的长度不应小于10m、宽度不应大于8m，连接通道内应设置2道分别由地铁和商业等非地铁功能的场所控制且耐火极限均不低于3.00h的防火卷帘。

站厅公共区与同层商业开发防火隔离示意图见图3.2-1。

《地铁设计防火标准》GB 51298—2018规定:

1）地铁站厅公共区与物业不应直接连通，连通接口宜采用下沉广场或连接通道等方式连通；

2）当连通接口采用下沉广场连接时，下沉广场的宽度不应小于13m；

3）当连通接口采用连接通道连接时，连接通道的长度不应小于10m、宽度不应大于8m，接通道内应设置2道分别由地铁和商业等非地铁功能的场所控制且耐火极限均不低于3.00h的防火卷帘。

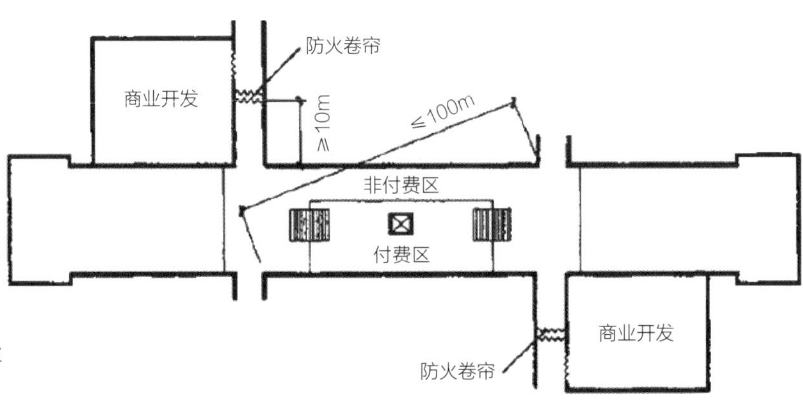

图3.2-1
站厅公共区与同层商业开发防火隔离示意图

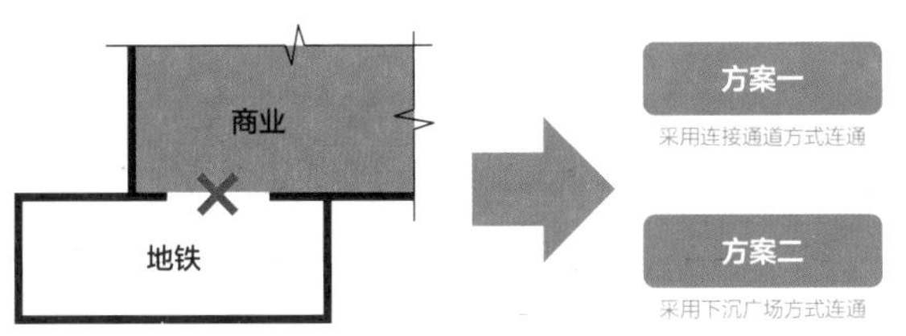

图3.2-2　连通接口连接方式示意图

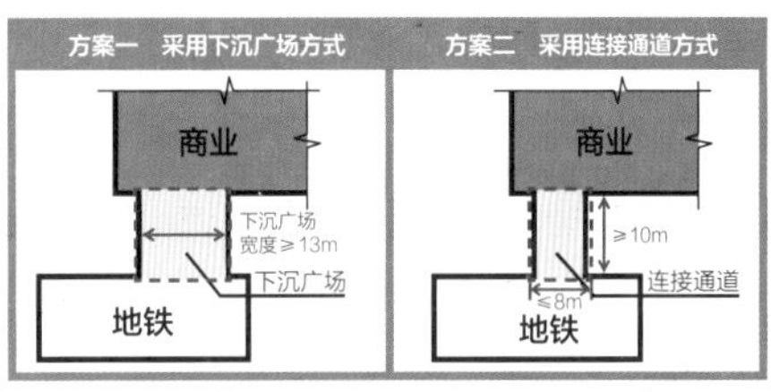

图3.2-3　连通接口连接方式示意图2

根据地铁连通接口相关规范的要求，地铁与商业之间不应直接连通，相互间宜采用连接通道或下沉广场等方式连通。连通接口连接方式示意图见图3.2-2。

因此地铁与商业间可有两种连接形式，一是采用连接通道方式连接，二是采用下沉广场方式连接。当连通接口采用下沉广场连接时，下沉广场的宽度不应小于13m；当连通接口采用连接通道连接时，连接通道的长度不应小于10m、宽度不应大于8m（图3.2-3）。

《地铁设计防火标准》GB 51298—2018，明确了地铁与物业连通接口的相关要求。总结为以下三点：

1）站厅公共区与商业等非地铁功能的场所相互间宜采用下沉广场或连接通道等方式连通，不应直接连通。

2）下沉广场的宽度不应小于13m。

3）连接通道的长度不应小于10m、宽度不应大于8m，连接通道内应设置2道分别由地铁和商业等非地铁功能的场所控制且耐火极限均不低于3.00h的防火卷帘。

连通接口参考规范展示见图3.2-4。

地铁站厅公共区与物业不应直接连通，连通接口宜采用下沉广场或连接通道等方式连通。

当连通接口采用下沉广场连接时，下沉广场的宽度不应小于13m。

当连通接口采用连接通道连接时，连接通道的长度不应小于10m、宽度不应大于8m，接通道内应设置2道分别由地铁和商业等非地铁功能的场所控制且耐火极限均不低于3.00h的防火卷帘。

UDC

中华人民共和国国家标准　GB

P　GB 51298－2018

地铁设计防火标准

Standard for fire protection design of metro

2018－05－14　发布　2018－12－01　实施

中华人民共和国住房和城乡建设部
国家市场监督管理总局　联合发布

图3.2-4
连通接口参考规范展示

3.2.2 连通接口界面分析

随着地铁与商业综合体开发项目越来越多，相应的物业与地铁空间的连接通道也越来越多。而地铁与地下空间连通接口从立项、设计、实施、审批及后期运营维护未有清晰的界面划分原则，导致此类型项目在设计、施工、验收、运营等环节会有一些问题，给地铁和物业运营管理带来了不便和麻烦。

起初，界面分为管理界面与运营界面两类界面，划分范围不明确、划分内容不清晰、划分责任不确切，导致连通接口项目推进过程中产生了一系列问题，耗费大量人力物力财力，降低了工作效率（图3.2-5）。

为保证地铁与物业在连通项目中从设计施工到运营管理各个方面都有明确的范围、内容及责任的划分，将地铁车站接口项目方案界面根据大类划分，可归结为7个界面类型：消防界面、人防界面、设计界面、报建界面、施工界面、运营维护界面和投资分摊界面（图3.2-6）。

通过对相关规范的分析与解读，连通接口七个界面划分原则见图3.2-7。

为了保证地铁与物业在连通项目中从设计施工到运营管理各个方面都有明确的范围、内容及责任的划分，将地铁车站接口项目方案界面根据大类划分，可归纳总结为7个界面（表3.2-1）。

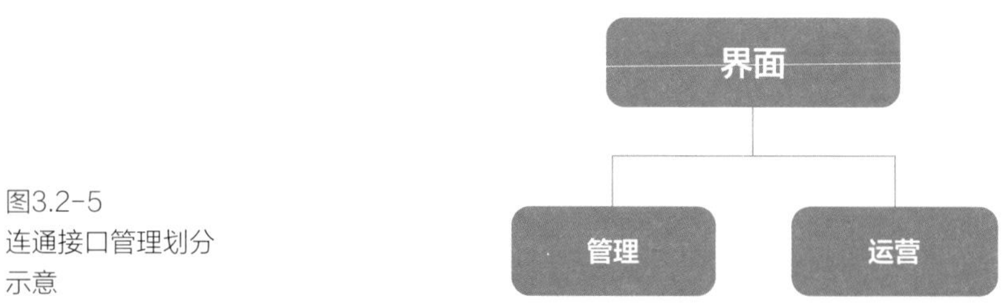

图3.2-5
连通接口管理划分示意

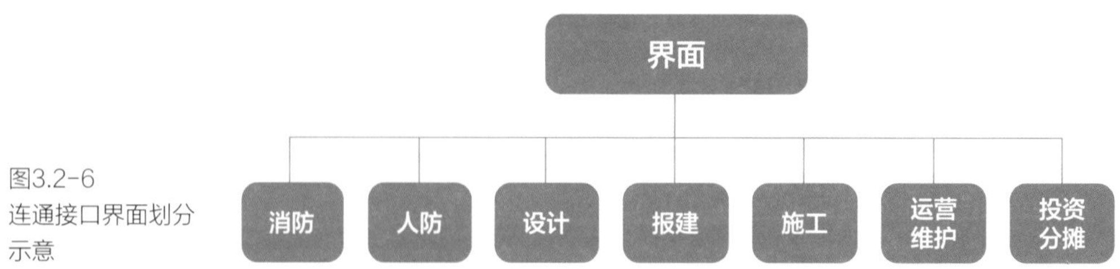

图3.2-6
连通接口界面划分示意

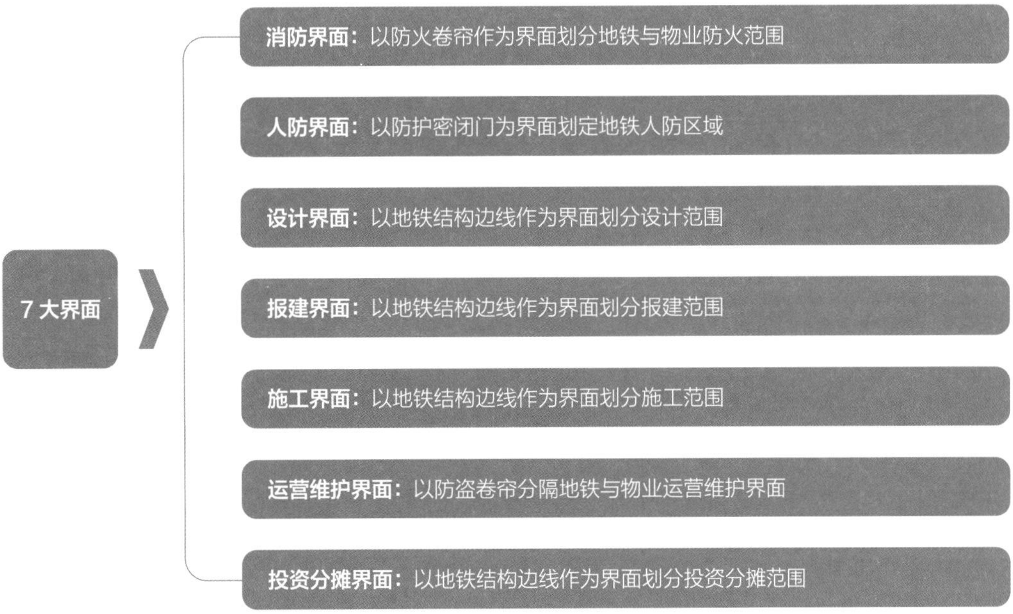

7 大界面

消防界面：以防火卷帘作为界面划分地铁与物业防火范围

人防界面：以防护密闭门为界面划定地铁人防区域

设计界面：以地铁结构边线作为界面划分设计范围

报建界面：以地铁结构边线作为界面划分报建范围

施工界面：以地铁结构边线作为界面划分施工范围

运营维护界面：以防盗卷帘分隔地铁与物业运营维护界面

投资分摊界面：以地铁结构边线作为界面划分投资分摊范围

图3.2-7　连通接口界面划分原则示意

7个界面划分依据方式　　表3.2-1

<table>
<tr><td>1</td><td>消防界面</td><td>以防火卷帘为界</td></tr>
<tr><td>2</td><td>人防界面</td><td>以防护密闭门为界</td></tr>
<tr><td>3</td><td>运营维护界面</td><td>以防盗卷帘为界</td></tr>
<tr><td>4</td><td>设计界面</td><td rowspan="4">以结构边线为界</td></tr>
<tr><td>5</td><td>报建界面</td></tr>
<tr><td>6</td><td>施工界面</td></tr>
<tr><td>7</td><td>投资分摊</td></tr>
</table>

参考文献

[1] 中华人民共和国住房和城乡建设部. 地铁设计规范: GB 50157—2013 [S]. 北京: 中国建筑工业出版社, 2014.

[2] 中华人民共和国住房和城乡建设部. 地铁设计防火标准: GB 51298—2018 [S]. 北京: 中国计划出版社, 2018.

[3] 中华人民共和国住房和城乡建设部. 民用建筑设计统一标准: GB 50352—2019 [S]. 北京: 中国建筑工业出版社, 2019.

[4] 中共中央、国务院. 国家综合立体交通网规划纲要. 2021年第8号文. 北京, 2021.

[5] 国务院. “十四五”现代综合交通运输体系发展规划. 国发〔2021〕27号. 北京, 2021.

[6] 交通运输部、国家铁路局、中国民用航空局、国家邮政局、中国国家铁路集团有限公司. 加快建设交通强国五年行动计划(2023—2027年). 北京, 2023.

[7] 广东省政府办公厅. 广东省综合交通运输体系“十四五”发展规划. 粤府办〔2021〕27号. 广东, 2021.

[8] 广州市人民政府. 广州市加快培育建设国际消费中心城市实施方案. 穗府〔2021〕15号. 广东, 2021.

[9] 广州市人民政府. 广州市战略性新兴产业发展“十四五”. 穗府办〔2022〕4号. 广东, 2022.

[10] 广州市人民政府. 佛山市轨道交通场站及周边土地综合开发利用实施办法(试行). 佛府办〔2021〕8号. 广东, 2021.

[11] 佛山市自然资源局. 佛山市城市规划管理技术规定(2020年修编版). 广东, 2021.

[12] 广州地铁设计研究院股份有限公司. 广州地铁换乘车站设计集锦 [M]. 北京: 中国建筑工业出版社, 2021.

后记

地铁连通接口作为城市轨道交通的重要组成部分，对于提高地铁运营效率、保障乘客出行安全具有重要意义。基于对这一领域的浓厚兴趣以及多年来的实践经验，撰写了这本《广佛地区地铁连通接口设计集锦》。

在本书中，通过系统地介绍了车站的定位及环境、与车站连通的物业类型、车站与物业接驳形式、车站连通物业的空间形态、车站与物业的高差位置关系、连通接口的高差处理形式、连通接口的规格尺寸等方面的知识，并结合实际案例对不同类型车站的连通接口进行了归纳总结，分别从连通接口与地铁连接方式、地铁与物业的高差处理、连接通道功能及外部空间形态等方面介绍了不同车站连通接口的设计特点。

在撰写过程中，通过注重理论与实践相结合，力求将复杂的专业知识以通俗易懂的方式呈现给读者。然而，由于地铁连通接口领域涉及的专业知识广泛、技术更新迅速，且不同地区的实际情况存在差异，本书仍可能存在疏漏或不足之处。在此，恳请广大读者给予批评指正，您的宝贵意见将是我们不断进步的动力。同时，也希望本书能够对地铁连通接口领域的发展起到积极的推动作用，为相关从业人员提供有益的参考和借鉴。